Thomas Balistier

Der Diskos von Phaistos

Zur Geschichte eines Rätsels & den Versuchen seiner Auflösung

Die Deutsche Bibliothek - CIP-Einheitsaufnahme

Balistier, Thomas:
Der Diskos von Phaistos : zur Geschichte eines Rätsels & den
Versuchen seiner Auflösung / Thomas Balistier. - 1. Aufl. -
Mähringen : Balistier, 1998
   (Sedones ; 1)
   ISBN 3-9806168-1-9

Verlag Dr. Thomas Balistier
Egartstraße 19
D-72127 Mähringen

1. Auflage Mähringen 1998
Redaktionelle Beratung: Ulla Fuchs
Satz: Der Computer Fux, Tübingen
Gesamtherstellung: Ebner, Ulm
Made in Germany

ISBN 3-9806168-1-9

Inhalt

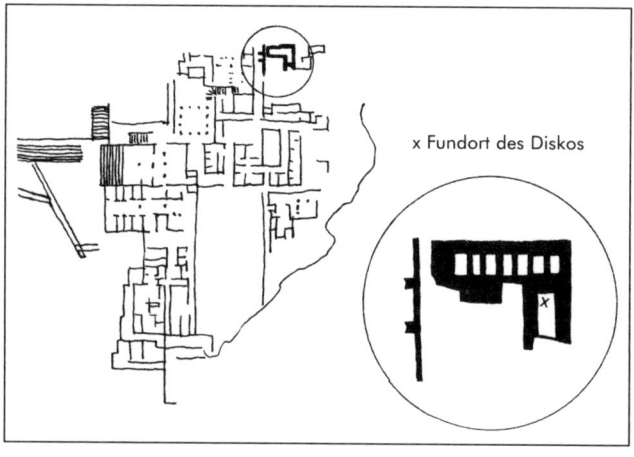

Palast von Phaistos mit Haus 101 (XL), Kammer 8 (1,15 x 3,40 m)

Einleitung

Am Abend des 3. Juli 1908 wurde in der Kammer 8, einem kleinen rechteckigen Raum im Nordosttrakt des sogenannten Alten Palastes von Phaistos, eine Tonscheibe von 16 Zentimeter Durchmesser gefunden. Etwa einen halben Meter über dem Felsboden in Schutt- und Keramikresten schräg und nach Norden geneigt liegend, war in ihrer Mitte ein Zeichen zu erkennen, das einer Rosette ähnelte. Was der Ausgräber damals als erster Mensch nach rund 3600 Jahren zu Gesicht bekam, war die später als A bezeichnete Vorderseite des Diskos von Phaistos. Mit dem 3. Juli 1908 also begann die moderne und bis heute nicht abgeschlossene Geschichte dieses geheimnisvollen Objekts: die Geschichte seiner Entzifferung.

Seit seiner Entdeckung hat der Diskos immer wieder Wissenschaftler der unterschiedlichsten Disziplinen herausgefordert und interessierte Laien in seinen Bann gezogen. Mit der Entwicklung des Tourismus' nach dem 2. Weltkrieg ist er als einer der bedeutendsten archäologischen Funde Kretas und der minoischen Welt auch einem breiten internationalen Publikum bekannt geworden. Seit Jahrzehnten ist der Raum III, wo er im Schaukasten 41 ausgestellt ist, eine der Attraktionen des Archäologischen Museums in Heraklion. Der Besucher sollte auf keinen Fall daran vorbeieilen, er sollte sich die Zeit gönnen, ihn ausführlich zu betrachten, und zwar nicht nur wegen seines hohen Alters, seiner archäologischen Bedeutung oder seiner geheimnisvollen Aura, sondern – wie Robin Bryans 1970 in seiner Reiseerzählung notierte – „auch und vor allem weil er so schön ist".[1]

Der Diskos von Phaistos verdankt die von ihm ausgehende Faszination nicht zuletzt der Tatsache, daß es bis heute nicht gelungen ist, das Rätsel, das er darstellt, wirklich zu lösen. „Unentzifferte Inschriften haben etwas Geheimnisvolles", schrieb 1931 H. Th. Bossert, „sie pflegen einen ungeheuren Reiz auszuüben und geben Anlaß zu gewagten Kombinationen und phantastischen Lesungs- und Deutungsversuchen."[2] Bereits drei Jahre nach seiner Entdeckung bemühte sich George Hempl, Professor für deutsche Philologie an der Stanford University, im New Yorker „Harper's Monthly Magazine" um eine erste Entzifferung.[3] Seitdem hat es bis in die Gegenwart professionelle und laienhafte, nüchterne und phantasievolle, spannende und langweilige sowie ernst- und weniger ernstzunehmende Lösungsvorschläge gegeben, keiner jedoch fand bisher die allgemeine Zustimmung und wissenschaftliche Anerkennung.

Nur wenige minoische Funde haben einen solch heftigen Meinungsstreit ausgelöst wie der Diskos von Phaistos. Schon die zwei grundlegenden Fragen, woher und aus welcher Zeit er stammt, sind nicht übereinstimmend beantwortet, was auch für die Identifizierung und die Bedeutung einiger Zeichen und graphischer Besonderheiten zutrifft.

Umstritten ist auch das Schriftsystem (Bilder-, Silben- oder Buchstabenschrift), die Schriftrichtung (Links- oder Rechtsläufigkeit, d. h. vom Rand zur Mitte oder umgekehrt) und die Sprache. Sogar die Echtheit des Diskos wurde angezweifelt, anzunehmen, daß er eine Fälschung sei, scheint heute jedoch eher absurd.

Erst recht gehen die Auffassungen hinsichtlich seiner Entzifferung auseinander. Halten die einen sie für schlichtweg unmöglich, solange nicht weitere Schriftdenkmäler dieser Art gefunden sind, so geben andere seit Jahren immer wieder mit neuen Entzifferungen vor, das Rätsel endlich gelöst zu haben. Selbst wenn man unterstellt, daß eine von ihnen richtig ist, müssen logischerweise alle anderen falsch sein. Ob sich unter den bisher vorgelegten Entzifferungen schon diese einzig wahre Auflösung des Rätsels befindet, und wer sie sich dann als Verdienst anrechnen dürfte, oder ob es sich nur um Fehldeutungen und Hirngespinste handelt, soll hier jedoch nicht beurteilt werden.

Gibt es trotz aller zum Teil im Brustton der Überzeugung vorgetragenen Auffassungen keine endgültigen und eindeutigen Antworten, was die Entzifferung der Tonscheibe betrifft, so existiert auch keine völlige Beliebigkeit der Meinungen.

Natürlich kann jederzeit alles Mögliche behauptet werden, aber auch in einem vielstimmigen Chor sind die allzu schrillen und allzu schrägen Töne zu erkennen. Kaum jemand würde heute noch die These von F. W. Read aus dem Jahre 1921 unterstützen, die Zeichen auf dem Diskos seien Noten![4] Die jahrzehntelange Forschung hat zwar keine eindeutigen Ergebnisse hervorgebracht, aber doch einen wissenschaftlichen Kanon, der moderne Forschungsmethoden ebenso enthält wie Mehrheitsmeinungen und Haupttendenzen. Einige Arbeiten, wie z. B. die von Victor J. Kean (1985), können zwar für unterhaltend und amüsant gehalten werden, keineswegs jedoch für wissenschaftlich seriös.[5]

„Für den Uneingeweihten allerdings", so bemerkte schon Robin Bryans süffisant, ist die Widersprüchlichkeit der gelehrten Darlegungen und ihrer engagierten Interpreten „eine Quelle des Entzückens, wenn nicht gar der ausgelassenen Heiterkeit."[6] Während z. B. Arthur Evans es für möglich hält, daß die Diskos-Inschrift eine Hymne an die Erdgöttin darstellt, sieht R. A. S. Macalister darin eine datierte Gerichtsliste mit den Namen von Magistratsrichtern und Zeugen; während Benjamin Schwartz zum Ergebnis kam, es handele sich um ein Verzeichnis heiliger Pilgerplätze, erblickt Steven Roger Fischer darin einen Aufruf an die Minoer zu einer Expedition gegen die Carians; während Otto Dettmer die Hieroglyphen als Gruß des Talaio, König der Pyliägäätier, an die kretische Bevölkerung nach dem schweren Erdbeben entzifferte, entdeckte Kjell Aartun in ihnen die Beschreibung eines Fruchtbarkeitsrituals im Palast von Phaistos; und diese Aufzählung könnte noch um einiges ergänzt werden.

Die widersprüchliche Vielfalt und insbesondere der daraus resultierende und ins Detail gehende Disput der Gelehrten vermitteln dem Laien zwar den Eindruck von akribischer Forschung und gebildeter Ernsthaftigkeit, enthält aber auch ein humoristisches Potential, das sich angesichts des etwas weltfremden Streites über eine interessante, aber doch eher absonderlich anmutende Sache in einer Bandbreite zwischen mildem Lächeln und schallendem Gelächter entladen kann.

Wie auch immer, nirgendwo steht geschrieben, daß man sich dem Diskos nur mit ernster und forschender Absicht zuwenden darf. Tatsächlich gibt es auch noch andere Zugänge, wie z. B. den ästhetisch-kreativen. Dabei geht es nicht in erster Linie darum, sein Geheimnis lüften zu wollen, sondern um den spielerischen und künstlerisch gestaltenden Umgang mit dem Rätselhaften des Diskos.

So spielt er in dem Roman „Die Entdeckung des Himmels" des in Holland lebenden Schriftstellers Harry Mulisch eine kleine Nebenrolle, doch kann auch der Versuch einer Entzifferung zu einem kreativen Vorgang werden, zu Fantasy-Text und/oder schönen Bildern, wie in den Arbeiten von Friedhelm E. Will/Fritz Kuroso.

Schließlich stellt sich die keineswegs bloß rhetorische Frage, warum der Diskos von Phaistos überhaupt entziffert werden soll! Die Provokation dieser Fragestellung besteht in einer Zumutung an die Moderne: Wäre es nicht angemessen, sich mit der erhabenen Schönheit und der faszinierenden Ausstrahlung dieses Relikts aus einer längst vergangenen Epoche und Kultur zu begnügen? Könnte eine Alternative nicht darin bestehen, die geheimnisvolle Aura dieses Überbleibsels einer auch heute noch größtenteils verzauberten minoischen Welt in unserer entzauberten Moderne bewahren zu wollen? Nun kann eine der Aufklärung verpflichtete Wissenschaft ein Schild „Entziffern verboten!" wohl aus verschiedenen Gründen nicht akzeptieren, und vielleicht ist es einfach nur ganz banal und allzu menschlich, daß Rätsel eben gelöst werden wollen. Auf jeden Fall zeigt die moderne Geschichte des Diskos, daß nicht Selbstbeschränkung und Ehrfurcht, sondern Erkenntnisdrang und Wissensdurst den Umgang mit ihm dominieren.

Wenn es der kleinen Tonscheibe dennoch bis heute erfolgreich gelungen ist, ihr Geheimnis zu bewahren, so hat dies nicht nur zur Enttäuschung beim interessierten Publikum oder zu Resignation bzw. erneutem Ehrgeiz bei einigen Gelehrten geführt: so mancher solidarisierte sich mit dem anmutigen Geheimnisträger – mal freudig, mal schadenfreudig –, und mancher wünschte sich sogar öffentlich zukünftige Mißerfolge: „Ich hoffe, daß niemand je die Wahrheit herausbekommen wird. Es ist eine so hübsche Scheibe und ganz besonders reizvoll wegen ihres Geheimnisses."[7] Dennoch oder gerade deshalb werden wahrscheinlich auch in Zukunft „Berufene und – mehr noch – Unberufene"[8] weitere Entzifferungen vorlegen.

Im nachfolgenden Text werden zunächst Fundort, Herkunft und Datierung behandelt, dann folgt die Beschreibung des Diskos, seiner Zeichen und seiner graphischen Besonderheiten, wie z. B. die sogenannten Dorne, die Punktleisten und die Korrekturen. Anschließend steht die Auseinandersetzung mit der Schrift, der Sprache und der Schriftrichtung im Mittelpunkt. Wenn zum Schluß einige Entzifferungsversuche der letzten Jahre vorgestellt werden, dann soll dies alles – wie auch das Buch selbst – nicht der Auflösung des Rätsels dienen, das der Diskos von Phaistos darstellt, sondern einen unterhaltsamen Einblick in seine moderne Geschichte bieten. Was dabei mehr im Vordergrund steht, die ernsthafte Auseinandersetzung oder das spielerische Vergnügen, das mag jeder für sich selbst herausfinden.

Erstes Kapitel

Fundort

„Dort oben", erklärt der Chauffeur, auf einen
steilen Felshang deutend, „ist Phaistos".
Er hat das Wort ausgesprochen. Es war wie ein Zauber.
(Henry Miller: Der Koloß von Maroussi)

Die mit etwa 600 Quadratkilometer größte und frucht-
barste Ebene Kretas – die Messara – erhebt sich im
Westen, nur fünf Kilometer vom Meer entfernt, zu einer
Hügelkette. Auf der östlichen der drei etwa 70 Meter ho-
hen Felsenkuppen befindet sich einer der bedeutendsten
Orte der minoischen Kultur: Phaistos.

Die Palastanlage und die sie umgebende Stadt sind nach
einem Enkel des Herakles benannt, der durch ein Orakel
veranlaßt wurde, nach Kreta zu gehen. Glaubt man dem
Mythos, war Phaistos die Residenz des Rhadamanthys, der
zusammen mit seinem in Malia regierenden Bruder Sarpe-
don nach einem Streit mit Minos, dem dritten Bruder und
Herrscher von Knossos – alle drei entstammen der Verbindung des Zeus mit der jungen Europa –, Kreta verlassen
mußte. Seine neuzeitliche Berühmtheit verdankt Phaistos
der Entdeckung und Ausgrabung der minoischen Ruinen
durch italienische Archäologen: Federico Halbherr und insbesondere Luigi Pernier[1] legten den größten Teil des Kom-

plexes zwischen 1900 und 1907 und dann 1929 frei, 1950 bis 1966 und danach wurden die Grabungsarbeiten unter der Leitung von Doro Levi fortgesetzt.

Natur und Baukunst

Während einer fünfmonatigen Griechenlandreise im Jahr 1939 geriet der nur wenige Stunden dauernde Aufenthalt Henry Millers in Phaistos dem in den Großstadtstraßen von Brooklyn aufgewachsenen Außenseiter der modernen amerikanischen Literatur zum emotionalen Schockerlebnis. „,Mein Gott, es ist unglaublich!' Ich wandte die Augen ab, es war zuviel, um alles auf einmal in sich aufzunehmen. (...) Ich war wie berauscht (...). Ich empfand nicht mehr das Bedürfnis nach Reichtum, ich hatte den Höhepunkt erreicht, ich wollte schenken, verschwenderisch bedenkenlos alles verschenken, was ich besaß." Was Miller so erschütterte und faszinierte, daß sogar der Wunsch in ihm aufkam, „für ewig bleiben, der Welt den Rücken zukehren, auf alles verzichten" zu wollen, war das großartige Bild, das sich ihm bot. „Unter mir breitete sich, einem unendlichen Zauberteppich gleich, die Ebene von Messara, eingeschlossen von majestätischen Gebirgsketten. Von dieser erhabenen Höhe sieht sie aus wie der Garten Eden. An diesen Toren des Paradieses machten die Nachkommen von Zeus auf ihrem Weg zur Ewigkeit halt, um einen letzten Blick auf die Erde zu werfen, und sie sahen mit den Augen der Unschuldigen, daß die Erde wirklich das ist, was sie immer geträumt hatten: eine Stätte der Schönheit und der Freude und des Friedens. Im Grunde seines Herzens ist der Mensch ein Engel, im Herzen ist er eins mit der ganzen Welt. Phaistos birgt alle Elemente des Herzens, es ist weiblich durch und durch."[2]

Auch wenn nicht jeder wie Henry Miller empfindet, so stellt der Aufenthalt in Phaistos doch für viele Urlauber einen Höhepunkt ihrer Kretareise dar. Ein Grund dafür ist der phantastische Blick über die scheinbar unendliche Weite der Messara, deren Fluchtpunkt sich irgendwo zwischen den zwei in Ost-West-Richtung verlaufenden Gebirgsketten verliert – im Norden das fast bis zu 2500 Meter hohe Ida-Massiv, im Süden das niedrigere Asteroussia Gebirge. „Diese Landschaft besitzt etwas von der Atmosphäre zwischen Erde und Himmel, von dem Gefühl ätherischen Raums, dessen man in der holländischen Landschaftsmalerei gewahr wird. Hier aber ist die herrliche Landschaft nur Szenerie für die dramatischen Beziehungen, die zwischen Bergen und Baukunst bestehen."[3] An diesem Platz, wo sich Mensch und Raum in einer besonderen Art und Weise wechselseitig aufeinander beziehen, wird sogleich deutlich, was die minoische Elite dazu bewogen haben mochte, hier oben einen Palast zu bauen: Erhaben liegt er über der Ebene und ist den Göttern und ihren Heiligtümern benachbart, wie der 12 Kilometer entfernten und als dunkler Fleck unterhalb des Berges Mavri im Ida-Massiv sichtbaren Kamareshöhle. Von hier aus überschaut man nicht nur diese wahrhaft majestätische Landschaft, man hat zugleich auch einen beherrschenden Überblick über das Tiefland, die Ida-Vorhöhen und das südliche Küstengebirge. Ein strategischer Ort also, sakral und profan zugleich, der zur Demut vor der Natur und zur Verehrung der Götter geradezu herausfordert, aber jenen, die ihn beherrschen, auch Macht und Glanz verleiht.

In Phaistos wie in Knossos, Malia und Zakros entstand um 1900 v. Chr. ein erster Prachtbau mit Höfen, Werkstätten und Magazinen sowie Wohn-, Kult- und Repräsentationsräumen. Die ausgedehnten Gebäudekomplexe, die in der Literatur als Paläste bezeichnet werden, beruhen auf drei architektonischen Prinzipien: der rechteckige Haupthof ist auf ein Viertel Nordnordost ausgerichtet, der Auf- und Grundriß der diesen Hof umgebenden Gebäude ist asymmetrisch, und die Führung der Außenmauern ist unregelmäßig. Mit der Gründung dieser Anlagen ging die erste Stufe der Hochkultur Kretas – die Vorpalastzeit (2600 bis 1900 v. Chr.) – zu Ende, als es zwar auch schon Fürsten/Könige auf der Insel gab, jedoch noch keine palastartigen Niederlassungen, und als sich bereits Landwirtschaft und Viehzucht, Handel und Seefahrt, die Herstellung von Werkzeugen und Waffen sowie Keramik- und Kleinkunst herausgebildet hatten.

Die Palast- und Stadtkultur, die der dann folgenden kulturellen Entwicklungsstufe – die Ältere Palastzeit (1900 bis 1700 v. Chr.) – quasi den Namen gab, verweist auf zweierlei: Zum einen erlebte Kreta zu dieser Zeit einen allgemeinen ökonomischen Aufschwung, zum anderen kam es an bestimmten Orten zu politischer Machtkonzentration. Dabei hielten die kretischen Fürsten/Könige in einer durch Arbeitsteilung und Sklaverei stark hierarchisierten Gesellschaft und mit Hilfe eines Beamtenapparates „als Souveräne in gleicher Weise wie die Herrscher in den alten Hochkulturen des Vorderen Orients und Ägyptens alle Gewalt in ihren Händen und organisierten Verwaltung, Handel und Produktion – und die Religion".[4]

Palast, Tempel oder multifunktionales Zentrum?

Gegenüber dieser Auffassung von einem mit aller ökonomischen, politischen und religiös-kultischen Macht ausgestatteten Souverän, der in einer Palastanlage residiert und von hier aus die umliegende Region beherrscht hat – wie ein Fürst/König in Phaistos die Messara –, wurden in der Forschung abweichende Stimmen laut. So widersprach beispielsweise Paul Faure in seinem erstmals 1973 veröffentlichten Kreta-Buch[5] der Auffassung, die Palastbauten seien „wirklich Paläste im modernen Sinne des Wortes" gewesen, also „prunkvolle Residenzen für Könige, Staatsoberhäupter oder Großgrundbesitzer und ihre Bediensteten"[6]. Sie würden „vielmehr an die großen Tempel Vorderasiens und besonders an die mesopotamischen erinnern".[7] Mit dem Hinweis auf die Zweigeteiltheit der großen minoischen Gebäudekomplexe – Agia Triada und Phaistos, der kleine Palast bei Knossos, die große Villa auf dem Eliashügel bei Malia und das Haus A von Kato Zakros – sieht Faure einen Gegensatz von Tempel und Palast und verweist auf deren unterschiedliche Aufgaben. „An die Stelle der völlig unmöglichen Vorstellung der Historiker, die im Palast des Königs den wirtschaftlichen Mittelpunkt einer ganzen Gegend, ja ganz Kretas sehen wollten, muß man das Bild einer religiösen Gemeinschaft setzen, die lediglich einen Teil der Produktion, des Güteraustauschs und der Verteilung übernimmt, und die es anderen überläßt, den Besitz der Familien, Dörfer und Städte zu verwalten. Der König war, selbst wenn er für den Sohn Gottes gehalten wurde, nur ein Grundbesitzer unter anderen (...), und seine Einkünfte waren von denen der Heiligtümer klar getrennt. Die Täfelchen in Linear B unterscheiden sorgfältig den König, *wanaka*, vom Priester, *igereu*. Wie die Klöster in Kreta heute noch ihre Werkstätten haben und ihre Handelserzeugnisse verkaufen, so tauschten die heiligen Werkstätten der minoischen Zeit, mindestens zum Teil, die Luxus- und Kultgegenstände, die sie herstellten, gegen Rohstoffe, Lebensmittel oder Importwaren ein."[8]

Zur Frage, wie man sich die Beziehung zwischen einem ausschließlich religiös-kultischen Zwecken dienenden Tempel (Phaistos) und der königlichen Palastresidenz (Agia Triada) vorzustellen habe, schreibt Faure: „Zweifellos so, wie man sie sich in derselben Epoche bei den Kreta am nächsten liegenden Monarchien oder Reichen vorstellt: ein Herrscher, den die dynastische Legende als den Sohn oder die Inkarnation des höchsten Gottes ansieht, als fruchtbaren Stier und Sonne zugleich, besucht gemäß dem Ritus die Allgöttin in ihrem Heiligtum an den Festen der Erneuerung der Zeit, der Natur, der Gesellschaft und der Dynastie. Er wiederholt mit ihr den Urakt der Erschaffung der Welt. Er erneuert und verbessert das Wohl der Gemeinschaft, indem er die Vegetation und das Jahr wiederaufblühen läßt. Jede Erneuerung bedeutet eine neue Geburt. (...) Der König kam noch, um sich zu läutern und er läuterte symbolisch sein Volk in den Lustrationsbassins. Er kam in regelmäßigen Abständen, um in großer Pracht seine Hierogamie zu feiern oder ihrer zu gedenken, d. h. seine mystische Hochzeit mit der Göttin, die durch ihre Priesterin vertreten wurde."[9]

Die Interpretation der großen Prachtbauten in Knossos, Phaistos, Malia und Zakros als heilige Tempel und nicht als weltliche Paläste, ihre, so Faure, „rein religiöse Deutung"[10] erscheint allerdings zu einseitig und wird heute kaum noch vertreten. Vielmehr ist davon auszugehen, daß die um 1900 v. Chr. neu entstandenen Palastkomplexe, die von städtischen Siedlungen umgeben waren, sowohl im Mittelpunkt des ökonomisch-politischen als auch des religiös-kultischen Lebens standen. Sie waren multifunktional. Auf wirtschaftlichem Gebiet bestand ihre Aufgabe darin, die agrarische Güterproduktion der Region (u. a. Getreide, Olivenöl und Wein) in ihren Magazinen zu lagern, administrativ zu verwalten und sie an die Bevölkerung zu verteilen (Redistributionssystem). Dazu wurde in den Palastarchiven nach ägyptischem Vorbild eine selbständig entwickelte Hieroglyphenschrift und die kursive Linearschrift A verwendet. Diese neue Form einer regionalen Wirtschaftsorganisation war gleichzeitig Voraussetzung und Folge der Palastbauten. Auf der politischen Ebene ging es den Fürsten/Königen nicht nur um Machtausübung und Kontrolle über die Menschen der Region, sondern auch um deren Schutz und die Vergütung von Arbeitsleistung. Und schließlich diente der religiös-kultische Bereich dem Dialog mit den Göttern ebenso wie der Herrschaft über die irdischen Seelen.

Der Palast war der Brennpunkt des gesellschaftlichen Geschehens, alle Lebensvorgänge wurden von ihm aus organisiert, gingen gleichsam durch ihn hindurch. Die minoische Palastkultur mit ihrer Architektur und der Konstituierung der Herrschaftszentren, mit ihrer Entwicklung der Administration und des Schriftsystems sowie mit ihren vielfältigen Zeugnissen des kulturellen Lebens (u. a. Keramik, Metallurgie, Kunst und Religion) orientierte sich an ägyptischen und orientalischen Vorbildern, ohne sie zu kopieren, und entwickelte sie zu einer eigenständigen Größe mit deutlicher Individualität und großer Ausstrahlung auf andere Palastkulturen des Orients.

Blütezeit und Zerstörung des Alten Palastes

Phaistos erlebte während der Epoche der älteren Paläste seine Blütezeit, war das beherrschende Zentrum in der gesamten Messara und neben Knossos die bedeutendste Residenz Kretas. Diese wichtige Epoche endete um 1700 v. Chr., nicht nur für Phaistos, sondern für alle alten Paläste und viele minoische Siedlungen in einer durch ein verheerendes Erdbeben und dadurch verursachte Feuersbrünste ausgelösten Katastrophe.

Frühere Auffassungen, wonach die Zerstörung der alten und die Gründung der neuen Paläste auf fremde Invasoren – entweder griechische Stämme[11] oder die kleinasiatischen Luwier[12] – zurückzuführen sei, können auf Grund des archäologischen Materials und entscheidender kulturhistorischer Umstände als unzutreffend betrachtet werden. Gegen die Griechen als Invasoren spricht vor allem, daß deren Kultur zu diesem Zeitpunkt weitaus primitiver war als die der Minoer. Im Gegensatz zu Kreta war ihnen die Schrift noch nicht bekannt und die Palast- und Stadtanlagen sahen ganz anders aus. Während auf dem Festland gewaltige Mauerringe die Städte umgaben, fehlte auf Kreta jegliche Befestigung. Gegen die Luwier spricht, daß die nach der Katastrophe einsetzende kulturelle Entwicklung nicht durch einen grundsätzlichen Bruch charakterisiert war: Nichts Neues und nichts Fremdes mischte sich in das minoische Kulturerbe aus der Älteren Palastzeit.

Nach wie vor existierte ein theokratisches Feudalsystem, in dem der Fürst/König eines jeden Palastes zugleich die höchste religiöse Autorität darstellte. Ob das Aufgehen der einzelnen Zentren in einer ganz Kreta umfassenden Einheit – mit Knossos als übergeordnetem „Superzentrum" und einer Hierarchie der übrigen Paläste und Siedlungen – als das wesentliche Merkmal der neuen Epoche betrachtet werden kann, ist allerdings umstritten.[13] Wiederum Paul Faure lehnt es entschieden ab, „ein so vielfältiges und schwankendes Phänomen wie die Organisation der auf die unzähligen kleinen kretischen Gemeinden verteilten Volksgruppen um 1500 v. Chr. als eine Einheit zu sehen".[14] Die These, daß Knossos eine, wenn auch nur kulturelle Vorherrschaft über die anderen Palastresidenzen ausgeübt hat, wäre jedoch durch die Größe der Gebäudekomplexe zumindest plausibel. So ist der Palast von Knossos mit 13 000 Kubikmetern doppelt so groß wie die Paläste von Phaistos und Malia mit je 6500 Kubikmetern, Zakros hat sogar nur 3250;[15] und auch die Grundfläche von Phaistos ist mit etwa 9200 Quadratmeter deutlich geringer als die von Knossos mit 20 000.[16]

Wiederaufbau und Architektur des Neuen Palastes

Aus und auf den Ruinen wurden die Paläste zum Teil schöner und prachtvoller wiederaufgebaut – der zweite Palast in Phaistos blieb allerdings hinter dem ersten zurück – und erhielten nun ihre endgültige architektonische Form. Das minoische Kreta ging kontinuierlich über in die Epoche seiner größten Blüte – die Jüngere Palastzeit (1700 bis 1450 v. Chr.).

Auch im Neuen Palast von Phaistos ist der große Zentralhof[17] der Mittelpunkt der gesamten Anlage. Seine Längsachse und damit der gesamte Palast ist genau auf die Kamareshöhle – eine bedeutende Kultstätte – ausgerichtet. Da der Hof beim Wiederaufbau um einige Meter in Richtung Osten verschoben wurde, mußte auch die Fassade und der Zugang zum Westflügel, der im Untergeschoß Magazine und im zerstörten Hauptgeschoß Kult- und Repräsentationsräume beherbergte, zurückverlegt werden. Der aufwendig

Treppe und Eingang zum neuen Palast. Im Hintergrund das Asteroussia-Gebirge.

Nordöstlicher Teil des Zentralhofs. Im Hintergrund das Ida-Massiv mit dem Mavri.

gestaltete Eingang, der nicht wie im klassischen griechischen Baustil üblich in der Mitte, sondern in einer Ecke des Westflügels liegt, besteht aus einer 14 Meter breiten zwölfstufigen Freitreppe, einem Tor mit Mittelsäule und einem anschließenden Portikus mit zwei Türen und führt in einen Lichthof. Dieser Treppe setzte Erhart Kästner 1943 in seinem Kreta-Buch ein literarisches Denkmal: „Ich gedenke der schönsten Treppen, die ich in meiner Erinnerung finde, und es ist keine unter ihnen, deren Aufwärtsgeleiten mir lieber wäre: die Spanische Treppe in Rom und die des Pillnitzer Schlosses, die aus der Elbe emporführt, die in Salzburg, in Prag im Garten zum Hradschin hinauf, und die verehrteste unter den bürgerlichen: die im Haus Goethes zu Weimar. Doch sammelt sich in jenen die Weisheit und Süße einer alten Kultur, und diese hier steht wunderbar in der Morgenröte."[18]

Vor dem Eingang liegt der bereits schon während der Älteren Palastzeit angelegte Westhof mit zwei ihn querenden schmalen und leicht erhöhten Pflasterwegen, sogenannte Prozessionswege, und einer Art Schautreppe für die Zuschauer bei religiös-kultischen Veranstaltungen.

Nördlich des Zentralhofs befinden sich die oft als „königliche Gemächer" bezeichneten Wohn- und Repräsentationsräume der Herrscher- oder Priesterelite, mit Lichthof, Säulenhalle und Terrasse, Lustralbad und Toilette sowie Empfangssälen und Verwaltungsräumen. Während der Ostflügel des Palastes zum großen Teil am Hügelrand abgestürzt ist, sind die Bauten des Alten Palastes im Nord-Ost-Viertel und der Osthof noch erhalten: neben einem Kupferschmelzofen, an dessen Rändern noch Schlacke erkennbar ist, und der darauf hinweist, daß die Bronzeherstellung und -verarbeitung innerhalb des Palastareals stattfand, befinden sich dort eine Töpferwerkstatt, ein Peristylhaus, eine Pfeilerkrypta und die sogenannten „königlichen Archive" mit der Kammer 8, wo der Diskos gefunden wurde.

Bei allen Schwierigkeiten der Rekonstruktion läßt sich doch eine grundlegende Funktionsstruktur der Anlage er-

kennen: im Mittelpunkt liegt der Zentralhof als Kommuni-
kationsraum, im Westen befinden sich Magazine, im Norden Repräsentationsräume und im Osten Werkstätten. Die
Konzeption und die Ausrichtung des gesamten Baukomple-
xes, seine zum Teil aufwendige Architektur und Dekorati-
on (Fresken), die zahlreichen Kultgegenstände und -räume
(5 Lustralbäder) sowie wertvolle Fundstücke (Keramik) lassen darauf schließen, daß er nicht nur für einen alltäglichen
und profanen Zweck errichtet worden war, sondern der
minoischen Elite als ökonomisch-politisches, religiös-kul-
tisches und administrativ-repräsentatives Zentrum der Region diente.

Die minoische Katastrophe

Um 1450 v. Chr. wurde Phaistos wie all die anderen minoischen Paläste und Residenzen erneut zerstört. Aber anders
als 250 Jahre zuvor, wurden sie nicht wieder aufgebaut.
Lediglich Knossos und Archanes bestanden weiterhin und
wurden sogar umgebaut. Verlassen lagen alle anderen großen minoischen Gebäude in der 2. Hälfte des 15. Jahrhunderts v. Chr. in Trümmern. Scheinbar völlig überraschend,
zeitgleich und in ihrem gesamten Siedlungsgebiet fand die
minoische Kultur ihr Ende. Was war geschehen?

Die bekannteste Theorie stammt von Spyridon Marinatos,
der die minoische Siedlung Akrotiri auf Santorin ausgrub.
Bereits 1939 hatte er seine Thesen in dem Artikel „The
Volcanic Destruction of Minoan Crete" in der Zeitschrift
Antiquity veröffentlicht, um sie 30 Jahre später, beim zweiten internationalen Kongreß für kretische Studien in Chania
1966 und beim internationalen Kongreß für vulkanische
Studien auf Santorin 1969, weiterzuentwickeln. Marinatos
bringt die Katastrophe auf Kreta unmittelbar mit einem geradezu titanischen Vulkanausbruch auf dem nur rund 120
Kilometer entfernten Santorin in Verbindung, der den ca.
1000 Meter hohen Gipfel der Insel weggesprengt und u. a.

das Dorf Akrotiri unter einer 3 bis 7 Meter dicken Schicht aus Bimsstein und Asche begraben hatte. Eine durch die gewaltige Explosion ausgelöste über 25 Meter hohe Flutwelle, giftige Gase, Asche- und Bimssteinregen sowie begleitende Erdbeben sollen die Gebäude auf Kreta zerstört, einen Großteil der Bevölkerung getötet und damit den Untergang der minoischen Kultur bewirkt haben. Diese Theorie gilt inzwischen jedoch als überholt, da der Vulkanausbruch von Santorin heute mindestens auf das Jahr 1520 v. Chr. und damit um mehr als ein halbes Jahrhundert früher datiert wird.[19] Dem in Akrotiri zuletzt benutzten Keramikstil (Florastil, zwischen 1580 und 1520 v. Chr.) folgte in Kreta nämlich noch ein jüngerer (Meeresstil, zwischen 1520 und 1460 v. Chr.), der sich gar nicht hätte entwickeln können, wären beide Katastrophen mehr oder weniger zeitgleich passiert und die eine die Ursache der anderen.

Viel wahrscheinlicher ist die Annahme, daß menschliche Ursachen für den Untergang der minoischen Kultur verantwortlich waren. Da es unstrittig ist, daß zu Beginn der Nachpalastzeit (1450 bis 1100 v. Chr.) mykenische Festlandgriechen – Achäer der Peloponnes – sich Kretas bemächtigt und eine neue kulturelle Ordnung durchgesetzt haben (Einführung anderer Religionsinhalte, der griechischen Sprache und der Linearschrift B), „ist es höchstwahrscheinlich", so Louis Godart, „daß eben dieses Volk für die Katastrophe von 1450 verantwortlich ist, und daß die Griechen aus Mykene und den anderen Palastzentren des griechischen Festlands die Paläste von Malia, Phaestos, Zakros und Cydonia zerstört haben".[20] Im Gegensatz zur These von einer kriegerischen Invasion, macht Paul Faure die Konkurrenz- und Hegemonialkämpfe der regionalen minoischen Fürsten/Könige für die Katastrophe verantwortlich. „Diese neuen Besetzer Kretas fanden keine verlassene Insel vor, sondern eine uneinige und dezimierte Bevölkerung und zerstörte Städte. Sie brauchten nur die politischen, wirtschaftlichen und vielleicht sozialen Wirren auszunutzen, die die Insel und ihre Kolonien am Ende der sogenannten Herrschaft des Minos erschütterten. (...) Die Kreter begannen sich selbst zu zerstören, bevor sie anderen ihren Platz überließen. (...) Da nichts, weder in der sagenhaften Geschichte des antiken Kretas noch in den Texten der großen Nachbarreiche noch in der Archäologie selbst uns um 1450 v. Chr. die Ankunft ferner Völker anzeigt, (...) und da die Mythographen uns von der Rivalität der kretischen Herrscher untereinander berichten, liegt der Gedanke nahe, daß sich die Kreter zu Tode gekämpft hatten, bevor sie durch die Achäer der Peloponnes verdrängt wurden."[21]

In beiden Fällen könnte der Vulkanausbruch auf Santorin eine nicht unwesentliche, wenn auch nur indirekte Rolle gespielt haben. Mit Sicherheit ist anzunehmen, daß die Flutwellen, die über das Ägäische Meer auf die Nordküste Kretas zurollten, einen erheblichen Teil der minoischen Flotte auf See und in den Häfen zerstört haben. Damit wäre einerseits den Kretern ihr militärischer Schutzschild zwar nicht gänzlich abhanden gekommen, aber doch entscheidend geschwächt worden, und anderseits wäre der lebensnotwendige Seehandel wenn auch nicht völlig, so doch in verheerendem Maße zusammengebrochen. Eine daraus resultierende Wirtschafts- und Verteidigungskrise mit ihren sozialen Verwerfungen und politischen Zwistigkeiten hätte den Boden sowohl für eine kriegerische Invasion als auch für einen zerstörerischen Bruderzwist bereiten können.

Die Zeit nach Minos

Wie auch immer, für Phaistos und insbesondere für die Messara bedeutete die mykenische Epoche zwar Besetzung, Verlust der Selbständigkeit und Unterordnung unter die neuen Herrscher von Knossos, aber keineswegs die wirtschaftliche Bedeutungslosigkeit, ganz im Gegenteil. Nach der Zerstörung von Knossos um 1380 v. Chr. und dem Eindringen der Dorer um 1100 v. Chr. begann die rein griechische Periode der Geschichte Kretas und der Aufstieg der

Stadt Gortys. In der Frühzeit der Archaischen Epoche (700 bis 330 v. Chr.) dehnte sich Phaistos nochmals aus. Griechische Häuser erhoben sich nun über den Trümmern des minoischen Palastes, und einige von ihnen waren sogar in seine Schuttschicht hineingebaut. Mehr als 200 Jahre, von 600 bis 400 v. Chr. ist so gut wie nichts über Phaistos bekannt. Erst in der Hellenistischen Epoche (330 bis 67 v. Chr.) häufen sich die archäologischen Funde wieder. Zu der Zeit (250 v. Chr.) wurde die ausgedehnte Stadtmauer errichtet, die u. a. das heutige Dorf Agia Ioannis und die kleine Kapelle Agios Pavlos umschloß, und in diese Zeit fällt auch die kurze geschichtliche Epoche der gegenüber Gortys gleichberechtigten Selbständigkeit der Stadt und ihres Hafens Matala, bevor die Gortynier Phaistos um die Mitte des 2. Jahrhunderts v. Chr. endgültig zerstörten und sich sein Gebiet sowie seinen Hafen einverleibten. Damit endet die Geschichtsschreibung von Phaistos, wenngleich der Ort auch weiterhin besiedelt blieb.

Zweites Kapitel

Datierung

In historischer Zeitrechnung, im täglichen Leben sind wir
daran gewöhnt, die Frage nach dem Alter von Menschen
oder Dingen mit einer genauen Zahl bzw. mit einem exakten Datum beantwortet zu bekommen. Das ist bei unserem
Diskos aus vorgeschichtlicher Zeit jedoch nicht möglich,
zumindest nicht in der gewohnten Genauigkeit. Was macht
eine Datierung so schwierig, und weshalb scheiden sich an
ihr die Geister?

Probleme der Datierung

Da der Diskos selbst bislang stumm blieb, da er kein Merkmal aufweist, das Rückschlüsse auf sein genaues Alter er-
laubt, wie in geschichtlicher Zeit Jahreszahlen, Namen von
Herrschergeschlechtern oder Abbildungen von Königen u.
v. m., ist jeder ernstzunehmende Datierungsversuch darauf
angewiesen, möglichst viele Hinweise aus stratographischen
Daten, d. h. aus Informationen, die über die Fundzone und
-schicht zu Verfügung stehen, in der der Diskos lag, und
aus Querverbindungen zu anderen vergleichbaren archäologischen Zeugnissen zu sammeln und auszuwerten, um
schließlich, wenn schon kein exaktes Datum, so zumindest

einen Zeitraum zu bestimmen, aus dem die Tonscheibe stammen könnte. Je mehr der Zeitraum eingegrenzt werden kann, desto präziser ist auch die Datierung.

Ist dieses Unterfangen schon schwierig genug, kommen beim Diskos noch weitere Probleme hinzu. Es können aus den stratographischen Daten keine eindeutigen und exakten Schlußfolgerungen gezogen werden, da es im Laufe der Zeit Verwerfungen zwischen den Erdschichten gegeben haben muß. Zwar stammt die Mehrheit der Keramikfunde aus der mittelminoischen Periode, aber schon Pernier hat auf Fundstücke aus hellenistischer Zeit aufmerksam gemacht, die nicht dazu paßten. Dazu kommt, daß der Zeitpunkt der Einlagerung des Diskos in die Kammer 8 des Palastes von Phaistos nicht identisch sein muß mit dem Zeitpunkt seiner Herstellung. Außerdem wurden wichtige archäologische Funde, die heute von einigen Wissenschaftlern in einem inhaltlichen wie formalen und damit auch zeitlichen Zusammenhang mit dem Diskos gesehen werden, erst etliche Jahre bzw. Jahrzehnte nach ihm entdeckt, wie beispielsweise die Bronzeaxt aus Arkalochori Mitte der 30er Jahre oder die Köpfe von drei männlichen Tonstatuetten aus Traostalos Anfang der 60er. Und schließlich wird dieser Zusammenhang von einigen Gelehrten wiederum vehement bestritten.

So sind die wissenschaftlichen Ergebnisse auch in dieser Frage nicht als eindeutige Fakten und unumstößliche Wahrheiten anzusehen. Statt dessen findet sich eine Vielzahl von Datierungen, die in ihren Extremen zwar eine sehr weite Zeitspanne eröffnen, in ihrer Häufung und Überschneidung aber doch eine hinreichend präzise Eingrenzung bieten.

Extrempositionen

Schaut man sich die verschiedenen Forschungsbemühungen an, so liegen zwischen den beiden am weitesten auseinanderliegenden Datierungen – die älteste Zeitangabe findet sich bei Victor J. Kean (2100 v. Chr.), die jüngste bei Kristian Jeppesen (1100 v. Chr.)[1] – immerhin tausend Jahre. Das wäre, um die Dimension des Unterschieds zu verdeutlichen, als ob die Herkunft eines Gegenstandes einmal in die Zeit des Ersten Kreuzzuges (1096 n.Chr.) und einmal in das Jahrhundert der ersten Mondlandung verlegt würde. Allerdings basiert die Hypothese des dänischen Archäologen Jeppesen, wie Yves Duhoux ausführlich dargelegt hat, auf der fehlerhaften Übersetzung des italienisch verfaßten Fundberichts.[2] Und der schottische Reiseschriftsteller Kean bemüht sich erst gar nicht, nur ein einziges Argument für seine Behauptung vorzutragen.[3] Läßt man diese Extrempositionen einmal beiseite, nicht etwa weil sie am Rande stehen, sondern weil es ihnen an wissenschaftlicher Solidität mangelt, so lassen sich drei Gruppen von Datierungen erkennen.

Mittelminoisch oder spätminoisch?

Die überwiegende Zahl der Forscher[4] folgte dem Entdekker des Diskos Luigi Pernier, der glaubte, die Tonscheibe stamme aus der Zeit zwischen 1700 und 1600 v. Chr., also aus dem ersten Jahrhundert der jüngeren Palastzeit, bzw. aus der Periode, die als Mittelminoisch III bezeichnet wird.

Zur zweiten Gruppe gehört Yves Duhoux, der den Diskos wie Pernier in die mittelminoischen Epoche datiert. Allerdings hält er dessen Eingrenzung auf Mittelminoisch III für zu eng gegriffen und erweitert den möglichen Zeitraum um die Periode Mittelminoisch II, also um die letzten 150 Jahre der älteren Palastzeit. Da die dort gefundenen Keramikreste es nahe legen, daß das Gebäudes 101, zu dem die

26

Epochenschema

Neolithikum	6000–2600		
Frühminoisch	2600–2000	Vorpalastzeit	2600–2000/1900
FM I	2600–2500		
FM II	2500–2200		
FM III	2200–2000		
Mittelminoisch	2000–1550	Ältere Palastzeit	2000/1900–1700
MM I	2000–1850		
MM II	1850–1700		
MM III	1700–1550	Jüngere Palastzeit	1700–1450/1400
Spätminoisch	1550–1100		
SM I	1550–1450		
SM II	1450–1400	Nachpalastzeit	1450/1400–1100
SM III	1400–1100		

Kammer 8 gehört, schon in der Zeit des Alten Palastes, d. h. vor 1700 v. Chr., benutzt wurde, geht jüngst auch Derk Ohlenroth davon aus, daß für die Deponierung des Diskos „die gesamte Zeitspanne seit MM II offen(steht), keineswegs nur ihr Ende".[5] Damit eröffnet sich ein Datierungszeitraum von 300 Jahren, und zwar von 1850 bis 1550 v. Chr.

Die dritte Gruppe schließlich, u. a. Schwartz, Ephron und zuletzt Godart, unterscheidet sich von den vorangegangenen deshalb deutlich, weil sie die Zeitbestimmung Mittelminoisch für falsch hält und den Diskos in die jüngere spätminoische Epoche datiert. In seiner Untersuchung stellt Godart zeitliche Bezüge zwischen bestimmten Zeichen des Diskos und der archäologischen Realität Kretas her, die zunächst den Zeitraum zwischen 1750 und 1200 v. Chr. abdecken. Da aber seiner Auffassung nach insbesondere zwei Symbole auf der Tonscheibe, nämlich das Schiff und die Tonnenschnecke, nicht älter als Spätminoisch I sein können, kommt er zu dem Ergebnis, daß der Diskos „chronologisch in die Zeit zwischen 1550 v. Chr. und dem Ende des 13. Jh. v. Chr. einzuordnen ist".[6]

Gegen diese doch deutlich jüngere Einschätzung haben Befürworter der mittelminoischen und insbesondere der traditionellen Datierung nach Pernier andere archäologische Zeugnisse Kretas ins Feld geführt, die ihrer Meinung nach in einem direkten zeitlichen Zusammenhang mit der Tonscheibe stehen.

Bereits 1968 verwies Günter Neumann in einem resümierenden und in der Folgezeit viel beachteten Artikel in der Fachzeitschrift *Kadmos* über den Forschungsstand darauf, „daß der Diskos wegen der sehr ähnlichen Schrift auf der Axt von Arkalochori nicht wesentlich hinabdatiert werden kann".[7] Kjell Aartun hält die Schrift beider Fundstücke sogar für identisch.[8] Auch die drei „Menschenköpfe mit aufgesetztem Hahnenkamm" aus dem Höhlenheiligtum von Traostalos gehören dazu, da sie sowohl mit dem häufigsten, nämlich 19mal auftauchenden Zeichen auf dem Diskos – der Kopf mit Federschmuck – als auch mit einem dreimal vorkommenden Zeichen auf der Bronzeaxt korrespondieren. Da allgemein angenommen wird, daß das Höhlenheiligtum in den Perioden Mittelminoisch I bis III genutzt wurde, und daß die Bronzeaxt aus der Zeit zwischen 1700 und 1600 v. Chr. stammt, erscheint die Datierung des Diskos in die spätminoische Zeit als eher unwahrscheinlich.

Drittes Kapitel

Herkunft

Einerseits sprechen sowohl Fundort als auch Fundumstände des Diskos zunächst für ein kretisch-minoisches Herkunftsmilieu, andererseits ist aber weder aus der eindeutig kretischen Örtlichkeit noch aus der als gesichert geltenden minoischen Umgebung zwingend zu folgern, daß er auch ein Produkt der Insel ist. Sicher ist nur, daß er vor mehr als 3500 Jahren in Phaistos in der Kammer 8 deponiert und zu Beginn unseres Jahrhunderts dort gefunden wurde. Aber woher stammt die geheimnisvolle Tonscheibe?

Kein Relikt der minoischen Kultur?

Vor mehr als 40 Jahren hatte Ernst Schertel mit einer gewissen Kühnheit erklärt, es „dürfte erwiesen sein, daß er nicht aus Kreta stammt", da sich unter den Diskoszeichen „kein einziges" finde, „das speziell auf Kreta weisen würde, während gerade jene Zeichen, die bei kretischer Herkunft des Diskos unbedingt spezifisch kretisch sein müßten, kretafremde Formen aufweisen". Als Beispiel hob er das Zeichen *Axt* hervor, das man seiner Ansicht nach statt als Spitzaxt, wie auf der Tonscheibe, als kretische Doppelaxt erwarten müßte. Dagegen spricht, daß in Phaistos eine ähnliche bronzene Spitzaxt gefunden wurde, die Pernier als typisch kretisch einstufte. Da insbesondere das Zeichen *Haus* Schertels Blick auf das lykische und mesopotamische Einflußgebiet lenkte, verlegte er den Ursprungsort des Diskos von Kreta in die östliche Ägäis, und zwar nach Rhodos.[1]

Andere vermuten seinen Ursprung noch weiter im Osten. Die These, daß der Diskos aus Zypern stammt (Rowe 1919) fand keine große Anhängerschaft, dagegen dachte eine Reihe von Forschern an eine kleinasiatische bzw. südwestanatolische Herkunft (u. a. Evans 1921, Hall 1927, Matz 1972, Hutchinson 1973, Best/Woudhuizen 1989) oder brachten die Tonscheibe mit der philistäischen Kultur in Verbindung (Meyer 1909). Lange Zeit war für diese Theorie das Federkopf-Zeichen, das oftmals mit dem Helm der Philister – ein metallenes, mit Buckeln versehenes Kopfband, in das Federn/Blätter eingesteckt waren – verglichen und als identisch betrachtet wurde, das Hauptargument.

Wenige Forscher hat die Suche nach dem Entstehungsort des Diskos von Kreta nach Süden, an die nordafrikanische Küste geführt. Bereits in den 20er Jahren (Macalister 1921), aber auch nach dem 2. Weltkrieg (Jeppesen 1962) wurde auf die Ähnlichkeit einiger Piktogramme mit ägyptischen Vorbildern hingewiesen und damit versucht, diese These zu stärken.

Die Auffassung, daß der Diskos aus der entgegengesetzten Richtung, also vom Norden, kommt, wurde vor noch nicht allzu langer Zeit in die Diskussion eingebracht. Während Dettmer 1989 an eine Herkunft aus Messenien glaubt, das ist das Gebiet zwischen dem heutigen Pilos und Olympia im Westen der Peloponnes, vermutet Ohlenroth 1996 seinen Ursprung in Arkadien im Zentrum der Peloponnes.

Ein Produkt der Ägäis

Wieder andere Forscher verteidigen die Ägäis als Herkunfts-
region, ohne sich jedoch in der Frage festzulegen, ob der
Diskos aus Kreta stammt und ein Produkt minoischer Kultur ist (Ipsen 1929, Godart 1995).

So schreibt beispielsweise Gunter Ipsen: „Eine eingehen-
de Untersuchung aller Bilder sichert so die ägäische Herkunft des Diskos, gleichviel ob er auf Kreta entstand oder
in seiner Nachbarschaft: ägäisch ist der Weltausschnitt, den
er gibt, mit den heiligen Tieren Rind, Ziege, Delphin und
Taube, mit den Lieblingsblumen Lilie und Krokus; ägäisch
die Anordnung gemäß dem Grundornament, der Spirale;
und ägäisch die Keckheit der Erfindung. (...) Ja mehr noch,
die meisten Zeichen des Diskos sind nachweislich der ägäischen Kultur entnommen, ihre Formen stimmen mit denen der ägäischen Kunst zuammen, ihre Auswahl deckt sich
mit der Anschauung der ägäischen Welt. Die große Mehr-
zahl ist der Ägäis eigentümlich und von Ägypten unabhängig."[2] Und Louis Godart notiert fragend, daß „der Diskus
von Phaestos wahrscheinlich Produkt einer der Kulturen
der Ägäis ist. Welcher? Der minoischen? Der mykenischen?"[3]

Ursprungsort Kreta

Die Mehrheit der Gelehrten sieht es jedoch inzwischen als
gesichert an, daß der Diskos aus Kreta stammt.[4] Mit den
Jahren kam ein ganzes Bündel Argumente für diese Auffassung zusammen.

Das schwächste dürfte der Hinweis auf die Spiralanord-
nung der Schrift auf dem Diskos sein, die sich z. B. auch
auf dem Goldring aus der Nekropole von Mavro Spilio findet. Tatsächlich war die Spirale ein, wenn nicht das bedeutendste Element in der dekorativen Kunst der Älteren Palastzeit. Sie wurde von den Minoern mit Beginn der Periode
Mittelminoisch I „schlagartig und mit Leidenschaft"[5] von

der Syros-Kultur aus dem Bereich der Kykladen übernommen, die bereits seit ca. 2500 v. Chr. ein ganzes System von Spiraldekorationen zur Blüte gebracht hatte. Die Einführung der Spirale als erstes Bewegungsmotiv war für die Entwicklung der minoischen Kunst von epochaler Bedeutung. Kreta entdeckte damit seine, wie Fritz Schachermeyr schrieb, „neue Vorliebe für Bewegungsbilder".[6]

Die Bewegungskraft, neben der Farbenpracht und dem Zusammenspiel von geometrischen und vegetabilischen Formen eines der wesentlichen Merkmale der Älteren Palastzeit, findet sich auch in einigen Zeichen des Diskos wieder. So sieht Schachermeyr in den Zeichen *laufender Mann* und *fliegender Vogel* „typische minoische Bewegungsbilder, wie sie um diese Zeit nur auf Kreta, nicht aber in Kleinasien zu erwarten sind".[7] Aus kulturgeschichtlicher Perspektive enthüllen auch für Kjell Aartun sämtliche Bildzeichen „ihren ausgeprägten minoischen Charakter".[8]

Einen weiteren Hinweis auf die kretische Herkunft des Diskos liefert das angewandte Stempelverfahren, das sich auch bei anderen kretisch-minoischen Gegenständen wiederfindet. Günther Neumann verweist auf ein Gefäßbruchstück aus Psychro, das mit Umrissen von Kannen „bedruckt" ist, und auf eine tönerne Opferplatte aus Phaistos, auf deren Rand Spiralen und Rinderfiguren eingestempelt sind.[9] Auch Sundwall macht auf die Analogie der Drucktechnik des Diskos und der *Signet impressions* im Dekorationsstil von Mittelminoisch III aufmerksam.[10]

Weitaus wichtiger als diese Übereinstimmung in Ornamentik, ästhetischem Stilempfinden und Druckverfahren ist die Tatsache, daß die Inschrift des Diskos ihre frühere Isolierung dadurch verloren hat, daß weitere kretische Schriftzeugnisse gefunden wurden, die ebenfalls von der normalen Hieroglyphenschrift abweichen.

Dazu gehört eine 1935 von Marinatos in der Kulthöhle von Arkalochori (Zentralkreta) entdeckte bronzene Votivaxt und ein 1937 von Chapouthier in der Nähe des Palasts von Malia gefundener Altarstein. Beide Fundstücke zeigen verschiedene Sakralinschriften – die eine aus 15, die andere aus 16 Zeichen bestehend –, die zwar mit der Schrift des Diskos nicht identisch aber doch so eng verwandt sind, daß schon Marinatos den Diskos und die Doppelaxt als „eine Kulturkunde derselben Art" ansah.

Schachermeyr erklärte sich diese verschiedenen, untereinander aber mehr oder weniger verwandten Bilderschriftsysteme damit, daß es im mittelminoischen Kreta „offenbar an den verschiedenen Plätzen eigene Schreibschulen gab, die ihre Eigenständigkeit nicht ungern betonten".[11] Auch Neumann vermutet mehrere solcher „individuellen oder lokalen Sonderformen" und zieht in Betracht, die Abweichungen dieser drei Schriften von der damals gleichzeitig auf Kreta benutzten Kursivschrift Linear A mit einer künstlichen „Stilisierung zurück ins Piktographische" zu erklären, die der Schrift „durch Betonung des Bildlichen einen stärker dekorativen Charakter geben oder auch ihren kultischen Rang erhöhen sollte".[12]

1975 hat Werner Nahm diesen Gedanken aufgegriffen. Ein Vergleich der Diskoszeichen *gehender Mann* und *Katzenkopf* mit den beiden Linear-A-Zeichen L 148 und L 149, die sich ausschließlich auf dem in Phaistos gefundenen Tontäfelchen PH 8 befinden, veranlaßt ihn sogar zu der Vermutung, „daß auch der Diskos in Phaistos – seinem späteren Fundort – hergestellt worden ist".[13]

Die drei Köpfe von männlichen Tonstatuetten aus dem Höhlenheiligtum von Traostalos nahe Kato Zakros stellen schließlich einen weiteren Hinweis auf die kretische Herkunft der Tonscheibe dar. Sie zeigen eine eigenartige Frisur, die dem Federkopf-Zeichen des Diskos ähnelt. Ob dieser sogenannte *crest* wirklich eine Haartracht oder eine Federmütze bzw. einen Federhelm darstellt, ist schwer zu beurteilen. Jedenfalls führt diese Ähnlichkeit dazu, daß das Federkopf-Zeichen nicht mehr als „unminoisch" betrachtet werden kann. Da dies aber als eines der bedeutendsten Argumente für den nichtkretischen Ursprung des Diskos galt, wird dieser Theorie, wie Costis Davaras 1967 genauer dargestellt hat, „mehr und mehr der Boden entzogen".[14]

Auch 90 Jahre nach der Entdeckung des Diskos ist die Frage seiner Herkunft nicht endgültig geklärt. Obwohl Michael Trauth 1990 in seinem Forschungsresumee zu der Schlußfolgerung kam, Kreta könne als Ursprung des Diskos nicht mehr länger in Frage gestellt werden[15], bleibt die Auseinandersetzung kontrovers. Bis sie entschieden ist, sollte die von der amerikanischen Archäologin Alice Kober bereits in den 40er Jahren getroffene Aussage übernommen werden, daß die kretische Herkunft des Diskos bis zum Nachweis des Gegenteils als erwiesen zu gelten hat.

Viertes Kapitel

Der Diskos

W enn oftmals von der Singularität des Diskos von Phaistos die Rede ist, dann verweist dies zum einen auf die Tatsache, daß bisher nur eine einzige Tonscheibe dieser Art gefunden wurde, es sich also um ein weltweit einzigartiges archäologisches Fundstück handelt, zum anderen wird damit auch auf seine ästhetische Form angespielt: Der Diskos ist ein Unikat und kein serielles Produkt.

Maß und Material

Unregelmäßig und rund ist die Tonscheibe, deren Durchmesser, je nach dem an welcher Stelle man mißt, zwischen 15,8 und 16,5 Zentimeter variiert; sie ist also nicht so groß, um nicht bequem mit der Hand umfaßt werden zu können. Ihre Oberfläche ist zwar glatt, aber keineswegs ebenmäßig und plan – die Seite A verdickt sich am Rand, die Seite B in der Mitte –, und daher schwankt die Dicke auch zwischen 1,6 und 2,1 Zentimeter. Diese Unregelmäßigkeiten zeigen, daß der Diskos von Hand hergestellt und nicht mit Hilfe einer Form ausgestanzt oder gegossen wurde.

Das Material, aus dem der Diskos besteht, ist ein qualitativ hochwertiger Ton, dessen Reinheit und feinkörnige Konsistenz an die minoische Eierschalen-Keramik erinnert. Sein Farbspektrum reicht von hellem Goldgelb bis zu dunklem Braun. Nach der Stempelung wurde er sorgfältig und, wie Louis Godart feststellt, „perfekt" gebrannt und ist daher – anders als die durch die Feuersbrünste in den zerstörten Palästen und Residenzen gebrannten Linear A- und Linear B-Siegel – kein historisches Zufallsprodukt.

Eine erste Besichtigung

Was ist auf der Tonscheibe zu sehen? Offensichtlich ist, daß der Diskos nicht ein-, sondern beidseitig bedruckt wurde. Die als A bezeichnete Vorderseite erkennt man auf den er-

Seite A

36

sten Blick an der achtblättrigen Rosette in ihrer Mitte, während dort auf der Rückseite B das Brust- bzw. Helmzeichen steht. Auf beiden Seiten verläuft die aus Piktogrammen bestehende Inschrift auf einem mehrfach gewundenen Spiralband, das über eine sogenannte Stufe in die Randzone übergeht. Während auf der A-Seite das Spiralband in seinem Zentrum von dieser Stufe abgewandt ist, kehrt es sich ihr auf der B-Seite offen zu. Den Bandeffekt erzeugt eine spiralige Führungslinie, von der zumeist vermutet wird, daß sie vor der Einstempelung der Piktogramme mit freier Hand und mit mehreren Unterbrechungen von außen nach innen in den weichen Ton eingeritzt wurde.

Von den insgesamt 242 Zeichen des Diskos befinden sich 123 auf der Vorder- und 119 auf der Rückseite. Sie sind

Seite B

durch vertikale Linien, sogenannte Feldtrenner, in unterschiedlich große Gruppen gegliedert. Auf der A-Seite gibt es 31, auf der B-Seite 30 solcher Gruppen, deren Umfang zwischen zwei und sieben Zeichen variiert. Ihre Bedeutung, ob sie Wörter, Sätze oder Verse darstellen, ist in der Forschung umstritten und hängt mit den Auffassungen über das Schriftsystem zusammen. Ebenso wird ihre Numerierung unterschiedlich angegeben, je nach dem, ob in der Mitte oder am Rand mit dem Zählen begonnen wird. So trägt z. B. die Zeichengruppe mit der Rosette im Zentrum auf Seite A bei Arthur Evans die Bezeichnung A 1, bei Louis Godart dagegen die Zuordnung A XXXI.[1]

Zu den Zeichen selbst seien an dieser Stelle nur drei grundlegende Beobachtungen vermerkt. Zum einen sind sie in der Regel rechtsläufig ausgerichtet, d. h. beispielsweise der Mann geht und der Federkopf schaut nach rechts, also zum Ausgang der Spirale hin. Allerdings gibt es auch Ausnahmen. Wahrscheinlich um Platz zu sparen „schwimmt" der Fisch oder das Schiff nicht von links nach rechts, d. h. sie liegen nicht horiziontal, sondern sie stehen senkrecht, der Fisch auf seiner Schwanzfloße, das Schiff auf seinem Bug. Zweitens orientieren sich die Piktogramme in der vertikalen Ausrichtung überwiegend mit ihrem Fuß zum Rand und mit ihrem Kopf zur Mitte des Diskos, und drittens sind die insgesamt 45 verschiedenen Bildzeichen auf beiden Seiten unterschiedlich vertreten. Während das Zeichen *Rundschild* auf Seite A fünfzehnmal, auf Seite B aber nur zweimal auftaucht, ist es beim Zeichen *Brust/Helm* genau umgekehrt. 21 Piktogramme kommen nur auf einer Seite vor.[2]

Neben dem spiraligen Netzband mit den in Felder eingeteilten Piktogrammen, gibt es noch drei weitere Besonderheiten, die in der Entzifferungsgeschichte des Diskos immer wieder unterschiedlich interpretiert wurden und damit Anlaß gaben zu heftigen Diskussionen: die sogenannten Dorne, Punktleisten und Korrekturen.

Als Dorne wurden die mehr oder weniger schräg verlaufenden Striche bezeichnet, die in einigen der Felder unter dem ganz links stehenden Zeichen zu erkennen sind. Die Gelehrten streiten sich bis heute darüber, welche Funktion und welchen Sinn, z. B. für die Strukturierung des Textes, die Dorne haben. Auch die Frage, ob sie bei der Herstellung des Diskos rein zufällig entstanden sind, also nicht in zweckgerichteter Absicht eingeritzt wurden, findet keine übereinstimmende Beantwortung.

Eine weitere graphische Besonderheit stellen die Punktleisten dar, die sich auf beiden Seiten am Anfang oder am Ende des Spiralbandes befinden – je nachdem wie man die Inschrift liest. Jede Leiste besteht aus einem radialen Strich mit Punkten, der vom Scheibenrand zu der spiraligen Führungslinie gezogen ist. Unterschiedliche Auffassungen gibt es hier sowohl über die Anzahl der Punkte als auch und vor allem über ihre Bedeutung. Sie gaben u. a. Anlaß zu der Vermutung, daß noch weitere Tonscheiben existieren.

Schließlich wurde die Inschrift des Diskos an verschiedenen Stellen korrigiert, d. h. gestempelte Piktogramme wurden „gelöscht" und durch andere ersetzt. Diese Korrekturen gewähren uns somit „einen kleinen Einblick in die Entstehungsgeschichte der Inschrift"[3], allerdings sind sie nicht auf den ersten Blick zu erkennen. Alessandro Della Seta beschrieb schon 1909 in einem viel beachteten Aufsatz zwei Korrekturen auf der A-Seite[4], und weitere wurden einige Jahre nach dem 2. Weltkrieg von Ernst Grumach veröffentlicht (1962). Auch die Interpretation der Korrekturen und die Schlußfolgerungen, die daraus gezogen wurden, sind, wie man zu Recht vermuten kann, in der Fachwelt keineswegs einmütig. Auf die strittigen Beurteilungen auch der anderen beiden graphischen Besonderheiten – die Dorne und Punktleisten – wird im sechsten Kapitel näher eingegangen.

Hypothesen zur Herstellung

Mehr als 3500 Jahre nachdem der Diskos geschaffen wurde zu versuchen, seinen Herstellungsprozeß nachzuvollziehen, hat seine eigenen Schwierigkeiten. Da weder etwas über die daran beteiligten Personen bekannt ist noch Werkzeuge und Vorrichtungen erhaltengeblieben sind, bleibt nur die Möglichkeit, auf dem Diskos nach Spuren zu suchen, die seine Herstellung hinterlassen hat. Vier Fragen sind hierbei von Interesse: Besteht der Diskos aus einer oder aus mehreren Schichten? In welcher zeitlichen Abfolge wurden die Spirallinien und die Feldtrenner eingeritzt und die Piktogramme gestempelt? Gab es für ein Zeichen einen oder mehrere Stempel, und aus welchem Material bestanden sie? Wieviel Personen waren an der Schaffung der Tonscheibe beteiligt?

Von Tonschichten und „Pfannkuchen"

In einem Aufsatz über die kretischen und kyprischen Schriftsysteme für das 1969 erschienene Lehrbuch „Allgemeine Grundlagen der Archäologie" schrieb Ernst Grumach: „Kaum bemerkt zu werden braucht, daß die beiden Seiten des Diskus einzeln gestempelt und erst dann zusammengefügt wurden, da sonst beim Stempeln der zweiten Seite die erste verdrückt worden wäre; die Nahtlinie ist am Rande des Diskus noch deutlich zu erkennen."[5]

Die Selbstverständlichkeit, wie hier die These vertreten wird, der Diskos bestehe aus zwei Schichten, kommt auch in einer entgegengesetzten Auffassung zum Ausdruck. Louis Godart schreibt 26 Jahre später: „Die Zeichen auf Seite B sind weniger tief eingedrückt als auf Seite A. Dieses Phänomen ist vielleicht nicht so sehr der Nachlässigkeit des Verfassers des Diskus zuzuschreiben als vielmehr der Tatsache, daß er beim Bedrucken der Seite B darauf achten mußte, die vorher auf Seite A eingedruckten Zeichen nicht zu verwischen."[6] Hier wird aus der Annahme, die Tonscheibe sei aus einem einzigen beidseitig gestempelten Stück zwischen den Zeilen eine „Tatsache". Diese Selbstsicherheit in der Thesenbildung, ohne Alternativen überhaupt zu erwägen, überrascht nun insofern, als bereits 1977 Reinier J. van Meerten auf drei verschiedene Möglichkeiten der Diskosherstellung hingewiesen hat.[7]

Die erste Variation geht von der Annahme aus, daß der Diskos aus nur einer Tonschicht besteht – Meertens spricht humorig von „Pfannkuchen" („pancakes"). Diese Möglichkeit hält er allerdings für sehr unwahrscheinlich. Der Hersteller hätte nämlich, um die Piktogramme in die noch feuchte und damit weiche Tonschicht des Diskos einstempeln zu können, ihn entweder auf eine feste Unterlage, z. B. einen Tisch, legen oder schräg stellen bzw. aufhängen müssen. Im ersten Fall wären die Zeichen der zuerst gestempelten Seite, die zum Stempeln der zweiten Seite nun direkt aufgelegen hätten, mehr oder weniger verdrückt und beschädigt worden. Im zweiten Fall hätte sich die weiche Tonscheibe auf Grund des fehlenden Gegendrucks beim Stempeln auswölben müssen, wodurch auch die Zeichen deutlich deformiert worden wären.

In der zweiten Variation ist der Diskos aus zwei Tonschichten zusammengesetzt. Allerdings geht Meertens dabei nicht wie Grumach davon aus, daß zwei „Pfannkuchen" getrennt gestempelt und dann zusammengeklebt und im Stück gebrannt wurden, sondern daß zunächst die eine Hälfte ganz fertiggestellt und als feste Unterlage für die zweite, noch weiche und zu stempelnde Tonschicht benutzt wurde. Da dieses Verfahren dazu geführt hätte, daß die erste Seite zweimal gebrannt worden wäre, ein dadurch zwangsläufig aufgetretener Farbunterschied der beiden Diskosseiten aber nicht zu erkennen ist, gibt sich Meertens auch gegenüber dieser Möglichkeit sehr skeptisch.

Er favorisiert eine dritte, dreischichtige Variation. Danach wurde zuerst eine Tonscheibe mit einer Stärke von beispielsweise 12 Millimetern vorgebrannt und auf ihre beiden Sei-

ten eine jeweils 3 bis 4 Millimeter dicke Tonschicht aufge-
tragen. Wurde der Diskos nun aufgestellt oder aufgehängt,
diente der harte Mittelteil für beide Seiten als feste Unterlage und verhinderte dadurch sowohl eine Auswölbung des
weichen Tons als auch die Zerstörung der vorderseitigen
Zeichen beim Stempeln der Rückseite. War die Inschrift gedruckt und der Außenrand verputzt, wurde der Diskos richtig gebrannt. Da somit die äußeren Tonschichten gleichzeitig und gleich lang im Brennofen lagen, konnte sich auch
eine durchgängig Farbe und Helligkeit einstellen.

Aus wievielen „Pfannkuchen" der Diskos nun wirklich
besteht, ist hier nicht zu klären. Denkbar sind alle drei Möglichkeiten, naheliegend erscheint aus herstellungstechni-
schen Gründen die 2-Schicht-These à la Grumach. Inwie-
weit zumindest in dieser Frage moderne High-Tech-Verfah-
ren zu einer gesicherten Diagnose verhelfen könnten, muß
andernorts entschieden werden.

Die Reihenfolge der Arbeitsschritte

Der Disput über die Reihenfolge, in der die Zeichen, die
Feldtrenner und die Spirallinie in die Tonscheibe eingedrückt wurden, stand oft im Zusammenhang mit der heftig
umstrittenen Schrift- und Leserichtung. Da allgemein angenommen wird, der Hersteller habe sowohl die Spirallinie als auch die Feldtrenner zuerst und von außen nach
innen gezogen, folgerten einige Forschungsansätze, auch
die Inschrift habe diese Bewegungsrichtung.

Diese Schlußfolgerung macht aber nur unter der Annahme Sinn, daß die Bearbeitung des Diskos, d. h. die Einrit-
zung der Spirallinie und der Trenner einerseits und die Einstempelung der Zeichen andererseits, nacheinander in ab-
wechselnden Arbeitsschritten erfolgte. Wie Alessandro Della
Seta vor ihm, nimmt auch Louis Godart an, daß jeder Trenn-
strich nach der Stempelung einer Zeichengruppe gezogen
wurde. „Die Tatsache, daß die Spirale in Abschnitten ein-

graviert wurde, zeigt etwas sehr Wichtiges: der Künstler hat nicht zuerst die ganze Spirale gezeichnet, um dann die Schriftzeichen in die Scheibe einzudrücken, sondern ist beide Arbeitsgänge gleichzeitig angegangen. Anders gesagt: der Verfasser der Inschrift hat zunächst einen ersten Abschnitt der Spirale hergestellt, hat dann in die so entstandene Furche eine bestimmte Anzahl von Zeichengruppen gestempelt, danach ein weiteres Stück der Spirale gezogen, weitere Zeichengruppen eingestempelt u. s. f. (...) Und schließlich haben wir auch den Beweis, daß der Schreiber nach Vollendung einer Zeichengruppe die vertikale Trennlinie zog, bevor er zum nächsten Zeichen überging; in der Tat ist die vertikale Trennlinie in einigen Fällen durch das folgende Zeichen verändert worden."[8]

Nun ist diese „Beweisführung" nicht ganz so schlüssig, wie sie daherkommt. Weder die Tatsache, daß der Graveur die Spirallinie nicht in einem Schwung gezogen, sondern auf Seite A viermal und auf Seite B sechsmal ab- und wieder angesetzt hat noch die sichtbare Überstempelung eines Feldtrenners durch das nachfolgende Zeichen führt zwingend zu der Schlußfolgerung, der Arbeitsvorgang habe sich in einem sich wiederholenden Dreischritt: Linie ziehen – Zeichen stempeln – Trenner einritzen vollzogen. Beide Merkmale, sowohl die abgesetzten Spirallinien als auch die überstempelten Trennstriche, können ebenso mit dem erklärt werden, was sie gerade widerlegen sollten, nämlich daß der Hersteller des Diskos zuerst das ganze aus diesen beiden Elementen bestehende Netz gezogen und dann die Inschrift eingestempelt hat.

Diese Arbeitsweise würde aber nicht zwingend zu der Schlußfolgerung führen, die Inschrift sei von außen nach innen eingraviert worden, sondern beides zulassen: Links- wie Rechtsläufigkeit. Allerdings wäre dieses Vorgehen schon wegen der wechselnden Länge der Zeichengruppen so nur möglich gewesen, wenn dem Drucker, wie Ernst Grumach richtig bemerkte, eine Vorlage zur Verfügung gestanden hätte.[9] Und „daß er ein Modell vor Augen hatte, von dem er sich inspirieren und leiten ließ", davon geht auch Godart aus.[10]

Druckkunst à la Gutenberg?

Immer wieder wurde im Laufe des Jahrhunderts darauf hingewiesen, daß der Diskos von Phaistos „das älteste, mit beweglichen Lettern hergestellte Druckwerk der Welt" sei.[11] Derk Ohlenroth hat zuletzt, geographisch etwas bescheidener, vermerkt, der Diskos liefere „das erste europäische Beispiel für eine Anwendung beweglicher Lettern".[12] Obwohl in dieser Frage eine überraschend große Übereinstimmung in der Gelehrtenwelt besteht, gibt es auch vereinzelt Gegenstimmen. So kritisierte Leon Pomerance vom Archaeological Institute of America 1976 die These von den beweglichen Lettern als „Mythos" und schrieb: „Es ist meine Überzeugung, daß die lang akzeptierte und reizende Vorstellung, daß der Diskos von Phaistos mit beweglichen Lettern à la Gutenberg gestempelt wurde, falsch ist."[13]

Da er davon überzeugt war, „signifikante Unterschiede in der Linienführung und Gestaltung identischer Symbole" entdeckt zu haben, so z. B. beim Zeichen *Kopf mit Federschmuck* auf Seite A und beim Handschuh-Zeichen auf Seite B, sei es doch „äußerst unwahrscheinlich", daß verschiedene Stempel mit nur geringfügigen Unterschieden für das gleiche Symbol benutzt wurden. Welchem Zweck hätte das dienen sollen? Pomerance zog die Schlußfolgerung, daß die Inschrift nicht mit einzelnen Stempeln, sondern mit zwei verschiedenen Kalksteinmatrizen – eine für die Vorder-, eine für die Rückseite – in die alle Zeichen eingraviert waren, gedruckt wurde.[14] Auch wenn die Matrizen-These eine krasse Außenseiterposition in der Forschung einnimmt, ist ihre Ausgangsfrage, ob es unterschiedliche Stempel für identische Symbole gibt oder nicht, umstritten.

Die Vermutung von Bossert 1937, daß „für jedes Zeichen nur ein einziger Stempel benutzt worden ist"[15], wurde 1969 von Ernst Grumach als „nicht zutreffend" zurückgewiesen, „da die Abdrücke einiger Zeichen Unterschiede zeigen und von verschiedenen Stempeln stammen müssen. Das heißt, daß für einzelne Zeichen mehrere Stempel zur Verfügung standen, was auf eine weitergehende Verwendung des Druckverfahrens schließen läßt".[16] Auch Yves Duhoux hatte in den späten 70er Jahren unterschiedliche Ausformungen gleicher Symbole identifiziert.[17] 20 Jahre später formuliert Louis Godart gegen diese Auffassung geradezu apodiktisch: „Es sind ohne Zweifel immer dieselben Stempel verwendet worden. Keinerlei Anhaltspunkte gibt es für die Ansicht von Yves Duhoux, die Abdrücke des Handschuhs seien auf zwei verschiedene ‚Typen' zurückzuführen."[18]

Da bisher noch kein einziger Stempel gefunden wurde, gibt es auch keine gesicherten Kenntnisse über Aussehen und Materialbeschaffenheit. Klar scheint nur, daß die Zeichen als Reliefabbildungen ausgeformt gewesen sein mußten. Da sie klar und deutlich konturierte Abdrücke hinterließen und höchstwahrscheinlich auch nicht ein-, sondern mehrmals benutzt wurden, kommt nur ein sehr harter, relativ abnutzungsresistenter Werkstoff in Frage. Neben Metall, wie Blei, Bronze und Silber, wurde auch Elfenbein und Stein vermutet. Häufig wird angenommen, daß es sich um Holzstempel gehandelt hat; Bossert will sogar die „gelegentlich im Tonabdruck erhaltene Maserung des Holzes"[19] erkannt haben. Zuletzt kommt Godart, nachdem es ihm möglich war, „das Problem mit einer Reihe von Experten der Gravierkunst" zu erörtern, zu dem Ergebnis, daß die Stempel aus Gold waren, da nur Gold Haltbarkeit und Klarheit der Konturen habe gewährleisten können. Das flüssige Edelmedtall wurde dabei, so seine Annahme, in Formen aus weichem Stein gegossen und der fertige Reliefstempel anschließend mit einem Griff aus Elfenbein, Holz oder Knochen verbunden.[20]

Einzelkünstler oder Team?

Ernst Grumach hat darauf hingewiesen, daß „rein theoretisch" drei Personen an der Entstehung des Diskos beteiligt waren: „der Hersteller der Vorlage, der unter Umständen mechanisch arbeitende Kopist und der Korrektor, wobei es dahingestellt bleiben kann, ob zwei dieser Personen oder alle drei identisch sind".[21] Genauer betrachtet geht es Grumach vorwiegend um die Fertigstellung der Schrift und nicht so sehr um den gesamten Herstellungsprozeß und eine mögliche Arbeitsteilung; denn „rein theoretisch" ließen sich nämlich für die verschiedenen Arbeitsschritte noch weitere Personen identifizieren: eine, die den besonderen Ton vorbereitet und eine, die den/die „Pfannkuchen" geformt hat, eine, die die beschriftete(n) Scheibe(n) zusammengefügt und eine, die sie gebrannt hat. Nimmt man noch die Werkzeugmacher dazu, die die Stempel und andere Arbeitsmittel bereitgestellt haben, kommt man auf Detailwissen und Spezialkenntnisse voraussetzende Arbeitsprozesse.

Wieviele Menschen auch immer an der Herstellung der Tonscheibe beteiligt waren, deutlich wird auf jeden Fall, daß der Arbeitsaufwand viel zu groß war, um anzunehmen, es sei nur ein einziges Exemplar dieser Art zustandegekommen. Allerdings wäre es auch falsch, deshalb gleich eine Massenanfertigung zu vermuten, wie Ernst Schertel 1948 in seinem aufsehenerregenden Aufsatz „Der Diskos von Phaistos. Wege zu seiner Entzifferung" meinte. Daß der „Gedanke an Massenherstellung" bei seiner Herstellung „richtunggebend war", ist zwar eine mögliche Interpretation des Arbeitsprozesses und insbesondere des Druckverfahrens, allerdings steht dazu die archäologische Fundsituation im krassen Widerspruch. Würde dieser Gedanke nämlich zutreffen, dann müßte man in der Tat mit „Unmengen von Proben dieser Schrift an den verschiedensten Orten" rechnen. Da der Diskos aber bislang das einzige Exemplar geblieben ist, zog Schertel aus diesem „seltsamen Widerspruch" die Schlußfolgerung, „daß man die eigentlichen

Depots und Manufakturzentren dieser Schriftdenkmäler bis jetzt noch nicht entdeckt" hat. Er hoffe jedoch, daß einige davon bald gefunden werden, um über mehr Material für eine Entzifferung zu verfügen. Bis dahin müsse man sich eben mit dem Diskos begnügen und versuchen, „ihm so viel wie möglich von seinen Geheimnissen zu entreißen".[22]

Fünftes Kapitel

Zeichen

Die 45 Piktogramme des Diskos sind Ausdruck eines naturalistischen Kunststils, der „in wunderbarer Weise Bewegungsbilder zu schaffen vermochte, so Vögel im Flug, vom Winde bewegte Pflanzen, galoppierende Wildziegen und Stiere, vor allem aber auch eilende, laufende, springende Menschen, auch alle nur möglichen menschlichen Gesten. Derartig Lebendiges hatte es in der Bilderkunst damals überhaupt noch nicht, auch nicht in Ägypten oder Mesopotamien, gegeben".[1] Davon ist auch auf unserer Tonscheibe noch etwas zu sehen, so z. B. bei den Zeichen Nr. 1 und 31, die einen gehenden Mann bzw. einen Vogel im Flug darstellen.

Die Piktogramme zeigen klar konturierte Umrißlinien und in einigen Fällen mehr oder minder detaillierte Innenzeichnungen. Viele von ihnen sind auf den ersten Blick verständlich: Man erkennt Menschen, Pflanzen und Tiere sowie allerlei Gegenstände, wie z. B. Waffen, Werkzeuge oder Hausrat. Es ist eine menschliche Welt, die sich dem Betrachter eröffnet, und der Wiedererkennungswert vieler Zeichen ist nach über 3500 Jahren ebenso erstaunlich wie faszinierend.

Auf den zweiten Blick bereiten die Zeichen dann doch einige Probleme. Bei manchen, wie Nr. 17 und 40, muß zumindest in Erwägung gezogen werden, daß sie deshalb nicht eindeutig erkannt werden, weil niemand weiß, was sie darstellen. Andere Zeichen können zwar in ihrer Form identifiziert und beschrieben werden, so das Zeichen Nr. 43 als Dreieck mit 27 innerhalb an- und übereinanderge-

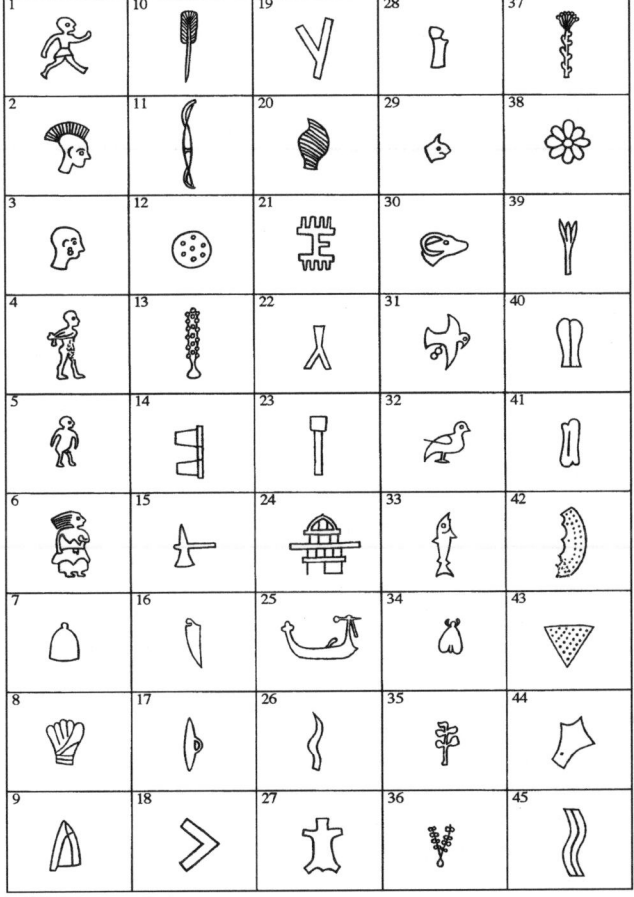

reihten Punkten, entziehen sich aber einer exakten Bestimmung. Während beispielsweise Ohlenroth hier ausschließlich ein Dreieck sieht, erkennt Godart das Zeichen als ein Sieb und Dettmer als weibliche Scham. Der materielle und kulturelle Kontext der minoischen Zeit, als die Dinghaftigkeit und die Identität der Piktogramme sicherlich mühelos erkannt und decodiert wurde, ist nun mal unwiederbringlich verloren, und das, was wir darüber wissen, ist zu wenig für eine hundertprozentig sichere Aussage.

In der Entzifferungsgeschichte des Diskos wurde in den Zeichen nicht nur ganz Unterschiedliches gesehen, sondern auch eindeutig Identifizierbares unterschiedlich benannt. So stellt das Zeichen Nr. 1 deutlich einen gehenden Mann dar. Während es Ohlenroth *Gehender* nennt, heißt es bei Godart *Fußgänger* und bei Aartun *Wanderer/Reisender*. Diese unterschiedliche Begriffszuweisung wird aber spätestens bei der Entzifferungsmethode der Akrophonie problematisch, weil dort in der Annahme, es handelt sich um eine Silbenschrift, davon ausgegangen wird, daß die Bildbedeutung und der Silbenwert auf ein gemeinsames Wort hinweisen, dessen Lautung mit dem betreffenden Silbenwert anfängt. Dabei gehen die meisten Forscher davon aus, daß die Zeichen ausschließlich substantivische Bedeutung haben, also nicht gleichzeitig oder alternativ für ein Verb stehen, wie in anderen Bilderschriften, wo z. B. das Zeichen Nr. 31 nicht nur *Vogel*, sondern auch *fliegen* bedeuten könnte. Beispielsweise würde in der deutschen Sprache das Zeichen Nr. 1, je nach dem, ob es mit dem Begriff *Gehender*, *Fußgänger*, *Wanderer* oder *Reisender* belegt wird, der Silbe ge-, fuß-, wan- oder rei- entsprechen. Schon diese Variabilität in der Begriffszuweisung stellt eine enorme Fehlerquelle eines Entzifferungsversuchs dar.

Die Ordnung der Zeichen wird noch dadurch erschwert, daß nicht alle Forscher das gleiche System der Einteilung und Numerierung benutzt haben. Arthur Evans z. B. unterteilte die 45 Bilder in 7 Gruppen und zählte sie dann durch: Die erste Gruppe enthält Darstellungen des menschlichen

Körpers und seiner Teile, einschließlich Kleidungsstücke (1-9), die zweite Waffen, Werkzeuge und Gebrauchsgegenstände (10-23), die dritte und vierte Gruppe nur jeweils ein Zeichen, nämlich „Haus" (24) und „Schiff" (25), und die fünfte Tiere und Tierteile (26-34); Pflanzen und Bäume bilden die sechste (35-39) und unbestimmte Gegenstände die siebte und letzte Gruppe (40-45). Auch Otto Dettmer unterteilt die Zeichen in sachlich zusammenhängende Gruppen, allerdings nach anderen Kriterien, dazu jedoch später. Derk Ohlenroth, der von einer Buchstabenschrift ausgeht, benutzt die alphabetisch orientierte Piktogramm-Zählung, während Victor J. Kean die Symbole in der Reihenfolge durchnumeriert, wie sie – beginnend mit der achtblättrigen Rosette im Zentrum der Seite A – auf dem Diskos erscheinen. Hier wurde die Evanssche Zählweise übernommen.

Ein Katalog der Zeichen

 Nr. 1 (11)[2]: Ein gehender, fast marschierender Mann, der mit einem kurzen, über den Knien endenden, im Rücken tiefer geschnittenen Schurz bekleidet ist. Aartun hält das für die typisch kretische Männertracht, Evans spricht von Tunika mit Gürtel und meint, am oberen Rand des Kopfes den Ansatz eines *crest* feststellen zu können. Godart hält das für falsch und glaubt, daß der Mann einen geschorenen Kopf hat. Auch sei der Schurz nicht minoisch, sondern bereits mykenisch, da ihm die sogenannte „Scheide" bzw. „Phallustasche" fehle. Dieses etwas unglücklich benannte Stück Stoff, das nicht Teil des Schurzes war, sondern am unteren Rand des Gürtels befestigt wurde und zwischen den Beinen hindurch ging, gilt als typische Besonderheit des minoischen Schurzes. Allerdings ähnelt der mykenische Schurz, dargestellt auf Wandmalereien in Gräbern ägyptischer Großwesire um 1470 bis 1450 v. Chr., die Godart als Beleg seiner These abbildet, keineswegs dem Schurz der Diskosfigur. Viel ähnlicher ist dagegen der Lendenschurz eines Fischer der Kreta nahen Insel Melos, abgebildet auf der sogenannten Fischervase von Phylakopi, die im Nationalmuseum in Athen zu besichtigen ist.[3]

 Nr. 2 (19): Männerkopf mit stilisiertem Ohr und Auge/Augenbraue. Auf dem kahlrasierten Schädel befindet sich ein sogenannter *crest*, der durch 13 Striche zur Kopfmitte hin in 14 unterschiedlich breite Segmente unterteilt wird. Diese Abbildung ist nicht nur das meist benutzte, sondern auch eines der heftigst umstrittenen Zeichen des Diskos. So sehen die einen hier einen gefederten Helm (Pernier, Evans, Godart), der – insbesondere nach einem Aufsatz von H. R. Hall aus dem Jahre 1911[4] – immer wieder mit dem Helm der Philister in Verbindung gebracht wird und so als Argument für die nicht-kretische Herkunft des Diskos dient. Andere (Davaras, Dettmer) halten den *crest*, der direkt auf dem nackten Schädel sitzt und nicht zu einem, hier auch gar nicht gezeichneten, Helm gehört, für eine eigenartige Haartracht, die auf dem Diskos „sehr stilisiert und übertrieben", auf anderen minoischen Funden – die Arkalochori-Axt und die Traostalos-Köpfen – hingegen „ohne Sorgfalt" und eher „summarisch"[5] dargestellt ist.

 Nr. 3 (2): Kahler Männerkopf mit stilisiertem Ohr und Auge/Augenbraue sowie einem Gebilde in Form einer 8 auf der Wange unter dem rechten Auge.[6] Während Dettmer darin einen kretischen doppelten Ohrring wiedererkannt haben will, halten Pernier und Godart diese 8 für eine Art Tätowierung bzw. Gesichtsbemalung, wie sie auch in der Darstellung eines Minoers auf einer Wandmalerei in den Gräbern der XVIII. ägyptischen Dynastie zu sehen ist.

Nr. 4 (1): Nackter Mann mit stilisiertem Auge und auf dem Rücken gekreuzten Unterarmen, die von Evans als gefesselte Hände angesehen wurden. Seither gilt diese Figur zumeist als männlicher Gefangener; Aartun interpretiert sie allerdings als „schreitenden Ackerbauern, der mit der Rechten Getreide aussät". Dettmer sieht in ihr eher eine weibliche Gefangene und bezieht sich zum einen auf die Form der Oberschenkel und zum anderen auf die Annahme, daß die Verschleppung von Frauen häufiger war als die Gefangennahme von Männern. Da der Bauch- und Genitalbereich durch eine Korrektur unkenntlich ist, kann dies nicht sicher geklärt werden, jedoch spricht der kahle Kopf eher für eine männliche Figur.

 Nr. 5 (1): Nacktes männliches Kind mit kahlem Kopf, stilisiertem Auge und hängenden Armen. Der dadurch entstehende Eindruck von Hilflosigkeit sowie das typische Körperbild eines Kindes (Bauchlinie) und die im Vergleich mit den anderen menschlichen Figuren geringere Größe sprechen für diese Interpretation.

 Nr. 6 (4): Frau in Vorder- und Seitenansicht. Der Kopf mit stilisiertem Auge und strenger, glatter und rückwärts gerichteter Haartracht stellt sich im Profil dar, der gesamte Brust- und Bauchbreich dagegen ist von vorne zu sehen, wobei der rechte Arm auf der rechten Hüfte liegt und der linke zum Herzen geht. Die Brüste werden – für das minoische Kreta nicht unüblich – frei getragen, wobei ihre Schlaffheit, wie Godart betont, in auffallender Weise mit den „festen und triumphierenden Brüste(n) der Schlangen-Göttin von Knossos" kontrastiert.[7] Die Kleidung besteht aus einem langen unteren und einem zweiten, aber kürzeren und doppelt nach oben gewölbten Rock sowie einem Gürtel, an dem ein Gegenstand zu hängen scheint. Die wiederum im Profil dargestellten Füße sind im Verhältnis zum massiven Körper auffallend klein. Während Ipsen in der Figur die kretische Frauentracht wiederfindet[8], widersprechen laut Evans alle Aspekte erheblich dem minoisch-mykenischen Frauentyp. Allerdings hat Doro Levi in Phaistos zwei um 1750 v. Chr. datierte weibliche Idole gefunden, wovon eine der Diskos-Frau in Physiognomie, Haartracht und Brustform dermaßen ähnlich ist, daß man „nur zutiefst erstaunt sein (kann) von der Gegenüberstellung der beiden Figuren".[9]

Nr. 7 (18): Zu diesem am zweithäufigsten vorkommenden Piktogramm gibt es hauptsächlich zwei Meinungen. Die einen halten es für eine Kopfbedeckung – Pernier für eine Mütze, Godart für einen Helm –, die anderen – u. a. Evans und Dettmer – für eine weibliche Brust als Symbol einer Göttin.

Nr. 8 (5): Eine verbundene Hand oder ein Handschuh. Ob es sich um einen Kampfhandschuh – Godart verweist auf die auf einem Rhyton aus Agia Triada dargestellten bandagierten Faustkämpfer – oder, wie Dettmer vermutet, um einen Arbeitshandschuh handelt, muß offen bleiben.

Nr. 9 (2): Evans deutet das Zeichen als eine besondere Art Kopfbedeckung, nämlich als Tiara, und verweist auf die Ähnlichkeit mit Abbildungen in hethitischen Inschriften.

Nr. 10 (4): Ein Pfeil. Dieses Zeichen findet sich auch als Pfeil-Ideogramm *231 in der Linearschrift B wieder. Auf dem Diskos erscheint es immer in der Vertikalen, und zwar so, als ob der Pfeil vom Zentrum zum Rand geschossen würde. Da eine Pfeilspitze nicht deutlich zu erkennen ist, geht Dettmer davon aus, daß nur der aus dem Köcher herausragende Teil abgebildet ist. Ohlenroth sieht darin eher eine Ähre.

Nr. 11 (1): Hornbogen mit hängender Sehne. Dieser Bogentyp taucht in Kreta schon in Mittelminoisch I auf. Ob er als Jagd- oder Kriegswaffe diente, sei dahingestellt.

 Nr. 12 (17): Kreis mit insgesamt sieben erhabenen Verzierungspunkten, einem in der Mitte und sechs am Rand. Evans sieht darin einen Rundschild, Pernier zieht auch in Betracht, daß es sich um einen Opfertisch, vergleichbar mit dem aus Malia, handeln könnte, und Dettmer bringt schließlich einen Diskos ins Spiel, und meint, daß die sieben Punkte das Sonnenjahr symbolisieren.

Nr. 13 (6): Keule mit noppenartigen Auswölbungen. Dettmer meint, daß es sich auch um eine Pflanze handeln könnte, Ohlenroth erkennt darin eine Zypresse.

 Nr. 14 (2): Berge (Pernier), Handschelle (Evans), Joch (Dettmer), Fußschemel (Aartun). Auf dem Diskos erscheint das Zeichen vertikal und nie horizontal, wie in den Abbildungen von Evans, Godart u.a.

 Nr. 15 (1): Spitzhacke

 Nr. 16 (2): Messer/Säge mit runder Klinge und gekrümmtem Griff

Nr. 17 (1): Aufrechtstehendes linsenförmiges Objekt mit einer Öse/einem Griff in der Mitte der rechten Seite. Evans sieht darin ein Schneidewerkzeug für Leder, Godart einen Deckel, und für Dettmer ist es eines von zwei nicht identifizierbaren Bildern des Diskos.

 Nr. 18 (12): Zimmermannswinkel (Evans), Bumerang (Godart), Ecke/Winkel (Aartun)

Nr. 19 (3). Tischlerhobel (Godart), Zweig (Aartun), Lineal mit 60- und 120-Grad-Schenkel (Dettmer)

 Nr. 20 (2): Der Auffassung von Evans, daß es sich um eine Henkelvase handelt, deren Henkel durch eine Reinigung des Diskos zerstört wurde, widerspricht Godart entschieden. Seiner Meinung nach stellt das Zeichen eindeutig eine Tonnenschnecke dar, deren Vorkommen in der minoischen Kultur gut belegt ist. Solch eine Tonnenschnecke aus Obsidian wurde in Agia Triada in Raum 13 gefunden.[10] Für Dettmer ist es ein bauchiges Gefäß, für Aartun ein Hohlmaß.

 Nr. 21 (2): Kamm (Godart), Webkamm (Dettmer), Hacke/Harke (Aartun). Der minoische Ursprung dieses Zeichens kann seit einer Veröffentlichung von Ingo Pini aus dem Jahr 1970 als gesichert gelten.Pini entdeckte bei Vorarbeiten für die Publikation der Siegelabdrücke aus Phaistos im Archäologischen Museum in Heraklion auf dem Tonklumpen HM 992, der ebenfalls aus dem Palast von Phaistos stammt, und zwar aus Mittelminoisch II, ein Abdruckfragment mit einem Zeichen, das der Nr. 21 „sehr verwandt ist". Der einzige Unterschied besteht darin, daß das kammartige Zeichen auf dem Diskos vier und auf dem Tonklumpen HM 992 fünf Zinken hat.[11]

 Nr. 22 (5): Evans meint darin eine Doppelflöte mit einem langen Mundstück zu erkennen, Godart hält es für eine Schleuder. Diese Interpretation ist allerdings nur plausibel, wenn man das Gebilde wie ein Y betrachtet, und so wird es von Godart auch teilweise publiziert. Auf dem Diskos erscheint dieses Zeichen jedoch immer umgekehrt, also eher wie ein griechisches Lambda. Dettmer sieht darin ein Bogenmaß, mit dem man zwei Kreissektoren messen könnte, Aartun einen Schneebesen, Ohlenroth bezeichnet es als Gabelholz.

Nr. 23 (11): Pernier hält es für eine Säule mit Kapitell. Evans widerspricht ihm jedoch deutlich und plädiert für einen Hammer mit quadratischem Kopf, während Aartun darin eine Keule sieht. Dettmer hat zu diesem Zeichen eine bemerkenswerte Idee: Für ihn „liegt es gar nicht fern", es als einen der Stempel zu deuten, mit denen die Diskosinschrift hergestellt wurde.[12]

 Nr. 24 (6): Dieses Zeichen – von Aartun und Dettmer als Haus, von Evans als pagodenähnliches Gebäude bezeichnet – galt oft als wichtiges Argument für die kleinasiatische und keineswegs minoisch-kretische Herkunft des Diskos, indem seine Ähnlichkeit mit lykischen Felsengräbern und Sarkophagen hervorgehoben wurde. Schachermeyr verweist auf die Untersuchungen von Erika Spann-Reinsch, die das Zeichen für einen gedeckten Palankin, eine Art Sänfte hält, ähnlich den offenen Palankinen, wie sie von minoischen Palastfresken bekannt sind. „Gedeckte Palankine in Häuschenform mag man bei schlechtem Wetter benützt haben. Möglicherweise wurde sie außerdem bei Leichenprozessionen verwendet."[13] In diesem Fall wäre auch hier der Bildinhalt kretisch. Godart schließlich bringt das Zeichen mit dem Ideogramm *179 der Linearschrift B auf dem Tontäfelchen U 96 aus Knossos in Verbindung und verortet es auf diese Weise im weiteren Umfeld des ägäischen Raumes. Er sieht in ihm weder Haus noch Palankin, sondern einen Bienenstock.[14]

Nr. 25 (7): „Es handelt sich ganz klar um ein Schiff mit einem Pfeil, der aus dem Bug hervorragt. Dann ist da noch ein anderer, nicht identifizierter Gegenstand, der am Pfeil zu hängen scheint. Das Schiff hat einen sehr markanten Schiffsschnabel, und das äußerste Ende des Hecks zeigt eine Verzierung aus drei Blättern." Godarts auf den ersten Blick „ganz klare" Beschreibung und Bestimmung dieses Zeichens trübt auf den zweiten Blick leider etwas ein. Da er sich sehr eng an die Kommentierung dieses Zeichens von Evans in dessen klassischem Werk *Scripta Minoa* anlehnt[15], kommt es zu einer gewissen Verwirrung. Schon Evans hatte Bug und Heck verwechselt. Wird in Evans' graphischer Darstellung des Zeichens noch deutlich, was mit dem Pfeil – er setzt *the arrow* immerhin in Anführungsstriche – gemeint ist, ist man bei Godart zunächst einmal ratlos, da bei ihm der Pfeil nicht wie ein Pfeil aussieht, sondern wie der leicht gewellte Querbalken eines T-Trägers, der nahtlos aus dem Heck emporsteigt. Dann korrigiert er aber auch Evans, der geschrieben hatte, daß das Fehlen eines Mastes das Diskos-Schiff von allen Bootsdarstellungen in den hieroglyphischen und linearen Schriftzeichen des minoischen Kreta unterscheidet. Dagegen verweist Godart auf mit Linear A beschriebene Tonscheiben, auf denen Boote ohne Mast erkennbar sind, die an das Diskos-Schiff erinnern. Mehr als nur eine gewisse Ähnlichkeit zeigt die Abbildung eines minoischen Schiffes auf dem goldenen Ring von Mochlos (Ostkreta), der auf ca. 1450 v. Chr. datiert wird. Diese archäologische Realität spricht „unbedingt für einen kretischen oder doch zumindest ägäischen Ursprung dieses Schiffstyps".[16] Das Zeichen erscheint auf dem Diskos immer in vertikaler Positionierung, das Schiff, wenn man es tatsächlich für ein solches hält, steht also auf seinem Bug. Geht man jedoch davon aus, daß der Drucker dies nicht aus Gründen der Platzersparnis, sondern deshalb getan hat, weil das Bild genau so richtig positioniert ist, dann muß zumindest in Erwägung gezogen werden, daß es gar kein auf dem Bug stehendes Schiff, sondern irgend etwas anderes darstellt. So sehen es Aartun und Dettmer; der erste interpretiert das Zeichen als Sägebogen, der zweite als Pflug.

 Nr. 26 (6): Überwiegend als Horn gedeutet. Aartun denkt eher an einen Schwanz/Schweif.

 Nr. 27 (15): Tierhaut/Fell von einem Rind (Evans, Godart), von einer Ziege (Dettmer)

58

Nr. 28 (2): Fuß eines Stier/Rindes. Auf dem Diskos weist der Fuß immer nach oben, nicht zum Boden. Auf Kreta wurden mehrere Siegel mit Stierfuß-Darstellungen gefunden, zuletzt in Apodoulou, in einer Schicht aus Mittelminoisch II.

 Nr. 29 (11): Tierkopf im Profil, mit stilisiertem Auge und Maul. Pernier denkt an einen Bullenbeißer, Evans auf Grund des vergleichsweise kurzen Kopfes und des Gesamtumrisses an eine Katzenart; einen Katzenkopf sehen darin auch Godart und Ohlenroth, während Dettmer einen Wildhund erkennen will.

 Nr. 30 (1): Widderkopf

Nr. 31 (5): Unstrittig ein fliegender Vogel, der einen Fang in den Klauen hält. In der Frage der Vogelart vermuten Evans, Godart und Dettmer einen Adler, Aartun und Ohlenroth einen Falken. Auf dem Diskos ist dieses Zeichen in drei unterschiedlichen Positionen eingestempelt: zweimal fliegt der Vogel aufwärts, zweimal nach rechts und einmal nach links, wobei er in der letzten Position ebenso gegen alle Logik in den Himmel schaut wie sein Fang nach oben weist. Godart sieht wie Evans im Fang eine Schlange.

Nr. 32 (3): Sitzender Vogel. Evans, Godart und Ohlenroth plädieren für eine Taube, Dettmer auf Grund der verhältnismäßig großen Füße für eine Ente, Aartun sogar für eine Gans.

Nr. 33 (6): Ein Fisch. Auf dem Diskos erscheint er immer in vertikaler Position. Pernier identifizierte ihn als Thunfisch, Evans folgte ihm. Dargestellt ist der Fisch mit einem großen stilisierten Auge und Kiemen sowie einer Schwanz- und zwei Rückenflossen. Dettmer interpretiert das große Auge als Hinweis auf einen großen

Fisch (analog zu den Menschendarstellungen, bei denen nur das Kind kleine Augen hat) und die anderen graphischen Details als symbolische Abgrenzung gegenüber der Darstellung des Delphins, der sich bekanntlich in der minoischen Kunst in großer Zahl auf Wänden und Vasen findet. „(...) der Graphiker des Diskos (hat) ausdrücklich keinen Delphin gemalt. Er meint Fisch, und wohl wurde der Delphin nicht Fisch genannt, der er genealogisch nicht ist. Er ist ein Säugetier, hat nur eine Rückenflosse und keine Kiemen. Er, der Begleiter des Dyonys, Beiname und Wahrzeichen des Apoll, gehört nicht in die inferiore Kategorie der Fische. In seiner Erscheinung am Meeresspiegel offenbart sich der Gott. Wo Fisch dargestellt wurde, war im Sinn der Philosophie 'Unten' gemeint. Dort tauchen schweigend Raubtier und Beute und der Fang, die Nahrungsgrundlage der Meeresvölker."

Nr. 34 (3): Biene. Dettmer weist auf den Widerspruch zwischen der graphischen Schlichtheit dieses Zeichens und dem enormen gestalterischen Aufwand hin, der sonst bei ägyptischen wie minoischen Insektendarstellungen festzustellen sei. Seiner Ansicht nach stellt das Zeichen die Rückenansicht einer liegenden Kuh dar. Aartun sieht darin überhaupt kein Tier, sonden einen verspundeten Weinschlauch.

Nr. 35 (11): Pernier vermutet hier den Zweig einer Platane, Evans allgemeiner ein Pflanzen- oder Baumzeichen, Dettmer erkennt in den großen Blättern Laub und entscheidet sich für die Eiche als Baumart und Aartun interpretiert das Zeichen allgemein als Frucht.

Nr. 36 (4): Der gegabelte Strauch läßt Evans an die minoische Hieroglyphe Nr. 101 *Oliven-Zweig* denken, Ohlenroth nennt das Zeichen allgemein Staude, Godart und Dettmer plädieren konkret für Weinstock, und

Aartun will darin eine zweiteilige schwarze Koralle erkannt haben.

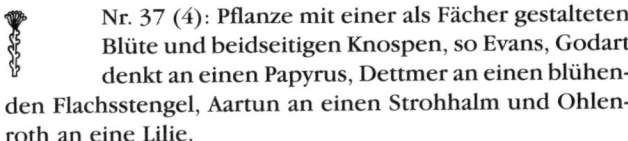 Nr. 37 (4): Pflanze mit einer als Fächer gestalteten Blüte und beidseitigen Knospen, so Evans, Godart denkt an einen Papyrus, Dettmer an einen blühenden Flachsstengel, Aartun an einen Strohhalm und Ohlenroth an eine Lilie.

Nr. 38 (4): 8-blättrige Rosette. Godart und Ohlenroth nennen das Zeichen auch Rosette, Aartun dagegen Blüte. Dieses Blumenmotiv kehrt in der minoischen und mykenischen Dekorationskunst immer wieder. In Malia wurde der Abdruck einer identischen Rosette auf einer Gefäßwandung gefunden. Evans hält es für möglich, daß es sich um die Angleichung einer einheimischen Blume an die ägyptische Lotosblüte handelt. Dettmer bezeichnet das Zeichen ausdrücklich als Lotosblüte, deren stark stilisierte Form allerdings der naturalistischen Darstellung der übrigen Bilder nicht entspreche.

Nr. 39 (4): Safran (Pernier), Spelze (Aartun), Lilie (Godart), Krokus (Ohlenroth), Herbstzeitlose (Dettmer)

Nr. 40 (6): Für die meisten Forscher ist es ein unbestimmtes/unerkennbares Zeichen. Godart sieht darin einen Ochsenrücken.

Nr. 41 (2): Kupferbarren (Dettmer), Knochen (Aartun), Flöte/Aulos (Godart)

Nr. 42 (1): Säge (Dettmer), Koralle (Aartun), Reibeisen (Godart)

Nr. 43 (1): Auf der Spitze stehendes Dreieck mit 27 Punkten darin, die vom rechten Schenkel zum linken Winkel in der Reihung 7, 6, 5, 5, 3, 1 angeordnet sind. Für Godart ist es ein Sieb, für Ohlenroth ein Dreieck, für Aartun eine weibliche Scham. So sieht es auch Dettmer, der aber zusätzlich auf die Bedeutung des Zusatzsymbols der 27 Punkte eingeht und die Überlegung anstellt, ob es eigentlich nicht 28 Punkte hätten sein sollen, was dann genau einem Mondmonat entsprechen und das Zeichen in religiösem Zusammenhang der Frau zuordnen würde.

Nr. 44 (1): Für Evans ist es ein „rätselhaftes" Zeichen, nach Dettmer stellt es ein Stierfell dar, nach Aartun das Blatt eines Wassergewächses und nach Godart ein kleines Beil.

Nr. 45 (6): Laut Pernier die übliche Darstellung von Wasser. Auch Dettmer bringt das Zeichen mit Wasser in Verbindung; er hält es für eine Wasserrinne. Godart bezeichnet es schlicht als gewelltes Bündel, Ohlenroth als Zweig.

Bildbedeutung und Bildstruktur

Wurde im letzten Abschnitt dargelegt, was die verschiedenen Piktogramme abbilden, bzw. was bestimmte Forscher in diesen Abbildungen erkennen, geht es nun um die Bedeutung der Bilder, d. h. um die Frage, was sie sind.

1929 schrieb Gunther Ipsen dazu in sehr eindringlicher Weise: „Aber wie sehr auch die Bilder hervortreten: es handelt sich doch nicht um solche. Sie sind weder einzelne unabhängige Zeichnungen (denn sie sind bestimmt geordnet) noch ein Weltgemälde (denn ihre Anordnung ergibt nirgends einen bildhaften Zusammenhang). Wohl sind sie ein Gedächtnis der Welt, die sie festhalten, allein vermittelt, indem sie offenbar etwas andres sind, als sie unmittelbar darstellen: sie sind nicht Welt, sondern sie bezeichnen bildhaft Welt, das heißt aber, sie sind *Schriftzeichen*. (...)

Also ist die Bedeutung der Bilder noch einmal vermittelt: sie sind als echte Schrift *Zeichen für Sprachliches* und ergeben offenbar erst in dieser zweiten Schicht von Bedeutung einen Sinnzusammenhang, der die unmittelbare Meinung der Bilder im einzelnen vernachlässigt. (...) Die gegenständliche Welt, derer die Zeichen gedenken, soll nicht in ihrer Fülle und Besonderheit nachgebildet werden, sondern wird verdichtet in eine beschränkte Zahl fester Elemente, deren wiederholtes, wechselndes Zueinander gleichwohl die individuelle Mannigfaltigkeit der Welt wieder erreicht. Damit verzichten die Zeichen darauf, dem einzelnen und seiner Fügung nachzutrachten; sie setzen vielmehr an Stelle der unmittelbaren Nachbildung eine eigene Formung und werden dadurch zur Schrift."[17]

Wenn die Piktogramme also Schriftzeichen, Zeichen für Sprachliches, sind, welche Sprachelemente bedeuten sie dann? Worte, Silben oder Buchstaben? In der Entzifferungsgeschichte des Diskos hat die Diskussion darüber immer eine große Rolle gespielt. Da sich in der Geschichte der Menschheit grundlegend nur drei Schriftsysteme entwickelt haben – Bilder-, Silben- und Buchstabenschrift –, muß auch der Diskos nach einem dieser Systeme funktionieren. In den beiden letzten – darauf sei schon einmal hingewiesen – ist die Reihenfolge der Bilder, die Wiederholung bestimmter Bildpaare, bzw. bestimmter Bildsequenzen nicht Ausdruck einer eigenständigen Anordnung, sondern Ergebnis einer Silben- bzw. Buchstabenkonfiguration und ihrer spezifischen Lautwerte. Mit anderen Worten: die sichtbare Struktur der Bildebene ist schriftabhängig. Welche unterschiedlichen Auffassungen sich in der Gelehrtenwelt dazu herausgebildet haben, darauf soll aber nicht hier, sondern unter der Kapitelüberschrift „Schriftsystem" eingegangen werden.

Die spannende Frage, ob neben der sichtbaren noch eine zweite, eine zunächst unsichtbare Struktur der Bilder existiert, „die entgegen der ersten auf eine wahrscheinlich eigenständige Organisation der Bilder auf der Bildebene hinweist", beantwortet Otto Dettmer mit einem hypothetisch-spekulativen Ja und bietet ein entsprechendes Struktur-modell an. Da dies wahrscheinlich der einzige Versuch ist, über die inhaltliche Gruppenbildung der Zeichen, wie sie Evans bereits 1909 entwickelt hat, hinauszukommen, soll er im folgenden kurz zusammengefaßt werden, unabhängig davon, ob er sich schließlich als richtig oder als falsch erweisen wird.

Während Evans die Piktogramme in sieben Gruppen mit unterschiedlicher Anzahl einteilt – die größte Gruppe bestand aus neun, zwei nur aus einem Zeichen –, unterscheidet Dettmer acht Gruppen, die vollständig besetzt über jeweils sechs Zeichen verfügen. Dies führt ihn zu der spekulativen Hypothese, daß der Zeichenumfang der Diskosschrift „auf 8 x 6 = 48 Zeichen zu schätzen wäre"[18]. Jede dieser acht Gruppen repräsentiert nun aber nicht nur einen Lebensbereich – Menschen, Tiere, Pflanzen, Körperteile, Kampfgeräte, technische Geräte, Bearbeitungsgeräte und bearbeitete Geräte –, sondern zugleich auch eine hierarchische Struktur: Es existieren jeweils drei Ebenen, eine obere mit zwei, eine mittlere mit drei und eine untere mit einem Zeichen. Die Bilder der oberen Ebene stellen „Leitfiguren" dar , die über ein zusätzliches Symbol verfügen, mit anderen Worten: die Zeichen zeigen nicht nur eine horizontale, sondern auch eine vertikale Ordnung der Welt. An den beiden Gruppen Menschen/Volk und Tiere soll Dettmers These kurz beschrieben werden.

Zu der ersten Gruppe gehören die Zeichen Nr. 1 bis 6, die wie folgt benannt und angeordnet sind. Oben befindet sich der *Fürst* (Nr. 3), der als Zusatzsymbol die als kretischer doppelter Ohrring interpretierte 8 auf der Wange zeigt, und der *Krieger* (Nr. 2), in der Mitte der *Mann* (Nr. 1), die *Frau* (Nr. 6) und das *Kind* (Nr. 5), und unten schließlich der *Gefangene* (Nr. 4). Das Schema stellt deutlich eine soziale Hierarchie gesellschaftlicher (Zu-)„Stände" dar, die Dettmer in den Begriffen „Öffentlichkeit, Bürgertum und Leibeigenschaft" repräsentiert sieht.

In der Tier-Gruppe bildet der *Adler* (Nr. 31) mit dem Fang als Zusatzsymbol und die *Ente* (Nr. 32) die obere, die *Kuh* (Nr. 34), der *Hund* (Nr. 29) und der *Widder* (Nr. 30) die mittlere und der *Fisch* (Nr. 33) die untere Ebene. Nach Dettmer zeigt sich hier die vertikale Hierarchie „mit zwei die Luft bevölkernden Vögeln, drei die Erde bewohnenden Tieren und dem im Meer lebenden Fisch".[19]

Ist die Strukturregel 2-3-1 in diesen beiden Zeichengruppen relativ leicht nachvollziehbar, fällt das in den Gruppen Bearbeitungsgeräte/Handwerk, technische Geräte/Technik und bearbeitete Geräte/Aggregate erheblich schwieriger, genauer gesagt, die Regel ist eigentlich nicht mehr erkennbar. Für die letzten beiden findet sich bei Dettmer auch keine konkrete Begründung mehr, sondern nur noch der Hinweis darauf, daß die betreffenden Bilder trotz ihrer Unvollständigkeit und/oder Unkenntlichkeit der Regel „nicht widersprechen", und es „eher wahrscheinlich" erscheint, daß „sie ihr gehorchen".

Ob das Dettmersche Schema die unsichtbare Bildstruktur des Diskos von Phaistos tatsächlich darstellt und uns damit eine philosophische Sicht der Minoer auf ihre Welt vermittelt, oder ob es sich um eine phantasievolle Interpretation handelt, die eher etwas über eine moderne Weltbetrachtung aussagt, sei dahin gestellt, gedanklich anregend ist es allemal.

Sechstes Kapitel

Graphische Besonderheiten

Auf dem Diskos finden sich drei unterschiedliche Arten von graphischen Besonderheiten. Während die sogenannten Dorne und Punktleisten Teil der originären Beschriftung und Gestaltung der Tonscheibe sind, stellen die Korrekturen, in welchem zeitlichen Abstand sie auch immer ausgeführt wurden, einen nachträglichen Eingriff dar. Während sie zum Teil nur sehr schwer zu erkennen sind, können die ersten beiden Besonderheiten relativ leicht erkannt werden, obwohl der wissenschaftliche Disput auch darüber geht, wieviele Punkte bzw. Dorne es auf dem Diskos gibt. Insbesondere streiten sich die Gelehrten über ihre Bedeutung, und einige Beiträge sind dabei insofern bemerkenswert, als auch in dieser Frage nicht eindeutig darüber entschieden werden kann, ob sie nun einen großen Schritt zur Lösung des Rätsels oder doch nur einen kreativen Irrtum darstellen.

Die Dorne

Als Dorn – englisch: dash oder stroke, französisch trait – wird der von links oben nach rechts unten verlaufende Schrägstrich bezeichnet, der sich immer unterhalb des äußerst links stehenden Zeichens einer Gruppe befindet. Er wurde nicht wie die Piktogramme eingestempelt, sondern eingeritzt wie die Spirallinie und die Feldtrenner.

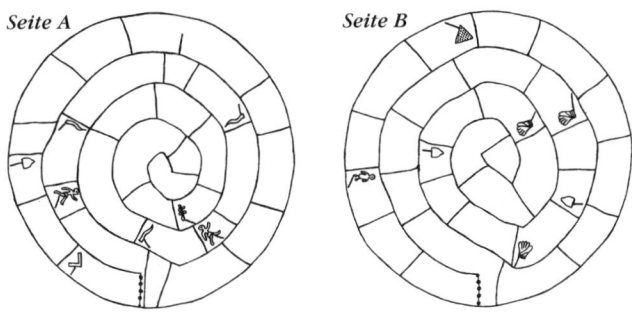

Seite A　　　　　　　　　　　*Seite B*

Vorkommen der Dorne

Die Anzahl der Dorne ist strittig. Die einen gehen von 17 aus (Duhoux, Godart, Ohlenroth), andere von 16 (Neumann, Schwartz) oder 15 (Haecker). Trotz dieser Differenz verteilen sie sich bei allen Autoren fast zur Hälfte auf den beiden Seiten: auf der A-Seite neun bzw. acht, nämlich in A 5, 10, 11, 13, 16, 17, (20), 29, 31, und auf der B-Seite acht bzw. sieben in B (1), 5, 7, 10, 11, 13, 25, 28. Daß sich in den Feldern A 25 und 26 sowie in B 23 noch drei weitere Dorne befinden, ist ungesichert. Zumindest theoretisch könnten ursprünglich welche vorhanden gewesen und dann später gelöscht worden sein.

Gleich zu Beginn stellt sich eine grundlegende Frage: Markiert der Dorn den Anfang einer Zeichengruppe oder das Ende? Ihre Beantwortung hängt mit der Auffassung von der Lese- und Schreibrichtung der Diskos-Inschrift zusammen. Bei Linksläufigkeit beendet, bei Rechtsläufigkeit eröffnet der Dorn eine Gruppe. Da aber fast alle Forscher diese Grundsatzfrage zuerst und unabhängig von der Problematik des Dorns beantworten, ist seine Bedeutung als Anfangs- oder Endungszeichen für sie auch nur aus dieser

Entscheidung abgeleitet. Eine andere Sichtweise hat Hans-Joachim Haecker; für ihn ist der Dorn „der Schlüssel zur Struktur des Diskos-Textes" und dessen Positionierung ein Argument für die rechtsläufige Leserichtung. Er verweist darauf, daß der Dorn bis auf zwei Ausnahmen (B 10 und 28) „nicht, wie man bei einem Schlußzeichen erwarten müßte, ganz links, sondern entweder – meist – am rechten Fußpunkt des am weitest links stehenden Zeichens einer Gruppe oder in seiner Mitte steht. Bei einem Schlußzeichen wäre es unverständlich, warum der ‚Dorn' das letzte Schriftzeichen nicht voll in die Satz- oder Zeileneinheit hineinnimmt. Als Anfangszeichen aber zieht der ‚Dorn', meist schräg nach rechts weisend, den Blick in die Leserichtung".[1]

Eine zweite und entscheidende Frage besteht darin, ob der Dorn nur für die Zeichengruppe, in der er steht, oder für alle nachfolgenden Gruppen bis zum nächsten Dorn eine Bedeutung hat. Je nach dem wurde ganz Unterschiedliches vermutet. Geht man von einer Silbenschrift aus, ist er also entweder ein Wort- oder ein Satz- bzw. ein Zeilenzeichen. Vertreter der ersten Auffassung sind neben Schertel, für den der Sinn des Dorns darin besteht, „entweder einem Silbenzeichen seinen Vokal zu nehmen (...) oder aber einem Buchstaben (Vokal) einen Konsonanten (h) vorzusetzen"[2], Kretschmer und Meyer, die den Dorn in Anlehnung an das altindische Virama-Zeichen als Hinweis auf die Vokallosigkeit des betreffenden Silbenzeichens[3] deuten. Und Ephron sieht seine Aufgabe eher als Kennzeichnung eines Suffixes[4], Nahm als silbenschließender Konsonant[5]. Für die zweite Auffassung stehen Evans, Godart, Haecker und Trauth, die im Dorn ein Zeichen zur Markierung des Satzendes bzw. des Satzanfangs sehen, oder Bossert und Duhoux, die vermuten, daß er den Text metrisch in Strophen oder Verse einteilt.

Kurz herausgestellt werden sollen die Überlegungen von Kjell Aartun und Derk Ohlenroth, die beide zu besonderen, jedoch völlig konträren Ergebnissen kommen. Während ersterer die Auffassung vertritt, die Dorne seien zufällig, also ohne Absicht und damit ohne Zweck, auf den Diskos geraten, unterscheidet letzterer vier Gruppen von jeweils unterschiedlicher Bedeutung.

Aartun fordert für das Problem „eine ganz andere Lösung". Wesentlich für die richtige Interpretation der Dorne ist seiner Meinung nach „die Erkenntnis 1. ihres unregelmäßigen Vorkommens, 2. ihrer – im Widerspruch zu den mit großer Sorgfalt und Wiedergabe von Einzelheiten ausgeführten Bilderzeichen – durchgehend verschiedenartigen Gekritzel-Gestalt, und 3. vor allem ihrer völlig ungeregelten Stellung im Verhältnis zu den in den Feldern sorgfältig geordneten Bilderzeichen". Da er diese drei Punkte für erwiesen hält, gibt es für ihn nur die Möglichkeit, die Dorne „als ganz zufällige, d. h. beim Einstempeln der Bilderzeichen ohne jeden graphisch-funktionellen Belang entstandene Striche zu betrachten".[6]

Ohlenroth sieht das völlig anders. Im Gegensatz zu der zuletzt getroffenen Aussage verweist er darauf, daß der Dorn durchaus eine geregelte Stellung zu den Bildzeichen hat, da er sich unterhalb der ausschließlich felderöffnenden Bildzeichen befindet. Die Dorne haben für ihn auch nicht „durchgehend verschiedenartige Gekritzel-Gestalt", vielmehr unterteilt er sie je nach Neigungswinkel in vier Gruppen: sehr flach, relativ flach, pointiert schräg und steil. Schließlich erkennt Ohlenroth auch eine Regel bei der Verwendung eines Dornes. Danach ist der Dorn ein paralinguales Zeichen „für einen Vorbehalt im Sinne einer logischen Wortabfolge, Signal für eine Unterbrechung direkter Kontinuität. Er hebt hervor, daß ein Wort sich nicht unmittelbar aus dem vorausgehenden ergibt, sondern diesem gegenüber unter besonderen Voraussetzungen steht. Insofern deutet er ein gewisses Innehalten vor dem Neuansatz und geradezu eine leichte natürliche Atempause an, gegebenenfalls mit anschließend geringfügig verstärktem Artikulationsnachdruck". Aus dem Neigungswinkel, mit dem ein Dorn eingeritzt wurde – von sehr flach bis steil –, ergibt sich – so die These – der entsprechende Grad an Diskontinuität. Diese Nuancierung in der Verwendung des Dorns spiegele ein gezieltes Interesse des Autors an sprachlicher Logik wider. Damit sei der Diskos von Phaistos „das älteste Zeugnis für die Anwendung natürlicher Satzzeichen".[7]

Die Punktleisten

Der gelehrte Disput, der um die Punktleisten, die Pernier 1908 als *bastone nodoso* bezeichnet[8], seit Jahrzehnten geführt wird, entbehrt nicht einer gewissen Kuriosität. Der Begriff bezeichnet einen radialen Strich, der auf beiden Diskosseiten vom Scheibenrand zum Beginn bzw. Ende der spiraligen Führungslinie läuft, und auf dem mehrere Punkte/Kugeln eingeritzt sind. Während auf der Seite B deutlich fünf klar konturierte Punkte zu erkennen sind, deren Zahl von niemandem in der bisherigen Forschungsgeschichte bezweifelt wurde – lediglich Benjamin Schwartz bildet in einem Aufsatz aus dem Jahre 1959 die B-Punktleiste mit vier Kugeln ab[9] –, finden sich für die Seite A seit 1909 immer wieder zweierlei Angaben: einmal sind es vier, einmal fünf Punkte. Zwar sind die Bedingungen auf der A-Seite insofern schwieriger, als unmittelbar rechts neben der Punktleiste der Feldtrenner zwischen der Zeichengruppe A 18

Seite A   *Seite B*

und 19 verläuft und dadurch den klaren Umriß bei vier Punkten verhindert, andererseits ist gerade der umstrittene fünfte Punkt davon nicht betroffen. Wenn man seine Existenz akzeptiert, so liegt er am äußersten Rand der Tonscheibe. Um was geht es also bei diesem Punkt?

Für viele Forscher spielten die Punktleisten insgesamt keine Rolle, sie wurden von ihnen gar nicht erwähnt oder als bloße Verzierung gedeutet. Andere sahen ihre Funktion darin, den Anfang bzw. das Ende des Textes zu markieren – auch hier geht es wieder einmal um die Lese- und Schreibrichtung –, aber die Anzahl der Punkte, wie Sterling Dow 1954 im *American Journal of Archaeology* schrieb, ist für sie „beliebig und bedeutungslos".[10]

Bis Ende der 70er Jahre gab es gegen diese Auffassung keinen Widerspruch. Zwar hatte die amerikanische Archäologin Alice E. Kober bereits 1948 in der selben Zeitschrift vermutet, die vier bzw. fünf Punkte könnten wie bei einer Numerierung darauf hinweisen, daß es sich beim Diskos von Phaistos um die vierte und fünfte in einer Reihe gleichartiger Inschriften handelt, aber das schien für die wichtigen Fragen in der Forschung nicht sehr bedeutsam zu sein.[11]

Das änderte sich im Jahr 1981, als Rudolf Hoschek die These aufgriff, daß es weitere, noch nicht gefundene Disci gibt, und dabei die Punktleisten mit dem umstrittensten Problem in der Entzifferungsgeschichte des Diskos, mit der Lese- und Schreibrichtung, in Verbindung brachte. „Das wichtigste Argument für die *rechts*läufige Schriftrichtung (...) ist offenbar bisher allen Bearbeitern entgangen oder zumindest in seiner Bedeutung nicht erkannt worden. Es sind die ‚Punktleisten' (...)."[12]

Hoschecks daran anschließende Ausführungen sind ebenso originell wie (fast) folgerichtig. Wenn die Punktleisten tatsächlich die Numerierung von Seiten oder Kapiteln in einer Fortsetzungsgeschichte auf mehreren Tonscheiben darstellen, würden sie, wenn man linksläufig liest, am Anfang des Textes stehen und sinnvollerweise bedeuten: dies ist Seite/Kapitel 4 (A-Seite) bzw. 5 (B-Seite). Für die fehlenden Seiten/Kapitel 1 bis 3 müßten daher noch zwei, die bisher noch nicht gefundene Disci I und II existieren, wobei der Diskos I dann allerdings nur einseitig beschriftet wäre, weil für ihn nur die Seite/das Kapitel 1 übrig wäre. Für Hoschek war diese Möglichkeit aber „kaum vorstellbar". Wenn man jedoch umgekehrt davon ausgeht, daß die Punktleisten am Ende des Textes stehen, was Rechtsläufigkeit bedeutet, und ihre Funktion darin besteht, das anschließende Kapitel anzukündigen – in unserem Fall also das vierte bzw. fünfte –, dann gäbe es nur einen weiteren Diskos I. Er wäre auf beiden Seiten bedruckt und würde auf der Vorderseite am Ende des Textes eine Punktleiste mit zwei Punkten – jetzt kommt Seite/Kapitel 2 – und auf der Rückseite eine mit drei Punkten – jetzt kommt Seite/ Kapitel 3 – zeigen. Damit wäre die Seite A des Diskos von Phaistos gemeint – nunmehr die Nr. II in der Fortsetzungsreihe –, an dessen Ende auf der Seite B dann schließlich auf einen weiteren Diskos III mit der Seite/dem Kapitel 5 hingewiesen wird. Ob weitere und, wenn ja, wieviele Tonscheiben in dieser angenommenen Reihung folgen, spielt für diese Überlegung keine Rolle.

Seltsamerweise hat dieser Beitrag in der Gelehrtenwelt keine größere Diskussion ausgelöst. Auch taucht nirgendwo das eigentlich naheliegende Gegenargument auf, die bei Linksläufigkeit „übrig" gebliebene Seite des vermuteten Diskos I könnte vom Verfasser ja auch – ähnlich wie in der modernen Buchproduktion – als Deckblatt, Klappentext oder Inhaltsverzeichnis gestaltet worden sein.

Neun Jahre später, also 1990, geht Michael Trauth in seinem verdienstvollen Resumee über den Forschungsstand zum Diskos von Phaistos[13] auf Hoscheks Gedankengang ein, bezeichnet ihn aber, mit dem Hinweis auf die fotografischen Vergrößerungen in dem 1977 erschienen Werk von Yves Duhoux, als eine auf Arthur Evans zurückgehende ‚Tradition des Irrtums' („tradition of error"). Evans hätte sich, obwohl er bereits 1909 in der *Scripta Minoa* die korrekte Anzahl von fünf Punkten auf der Vorderseite angegeben habe,

Jahre später durch eine ungenaue Nachbildung des Diskos mit vier Punkten auf die falsche Spur führen lassen, auf der ihm dann viele Autoren folgten. An diesem Einwand sind nun mindestens drei Dinge im Sinne des Wortes merk-würdig.

Zum ersten hat Evans in seinem Text von 1909 tatsächlich von fünf *dots* geschrieben, in der dazugehörigen graphischen Abbildung aber nur vier eingezeichnet. Der gleiche Fehler, die gleiche Nachlässigkeit oder was immer sich hier zeigen mag, findet sich u. a. auch in der 87 Jahre später erschienenen Publikation von Derk Ohlenroth. Und die Verwirrung ist noch steigerbar. 1977 macht Arnold Bradshaw in einem Aufsatz auf den Widerspruch bei Evans aufmerksam und bemerkt nicht ohne eine gewiße Süffisanz, daß dieses Versäumnis des Zeichners einen eigenen Mythos hervorgebracht hat. Merkwürdigerweise passiert ihm dabei selbst ein Lapsus, indem er Evans' tatsächlichen Fehler auf der A-Seite auf die B-Seite verlegt.[14]

Zweitens hat nicht nur Yves Duhoux fotografische Vergrößerungen des Diskos vorgelegt. Bereits zwei Jahre zuvor hatte Jean-Pierre Olivier die Zeichenfelder im Maßstab 2:1 und die einzelnen Zeichen im Maßstab 3:1 vergrößert abgebildet.[15] Hier sind in dem fotografischen Auschnitt der Zeichengruppe A 31, in dem sich die umstrittene Punktleiste befindet, fünf Punkte fotomechanisch ausgeschnitten, wobei auffällt, daß der umstrittene fünfte Punkt deutlich größer ausgeschnitten wurde, als er in Wirklichkeit ist. Obwohl Olivier also in seiner fotografischen Darstellung die These von der Fünf-Punkte-Leiste eher überbetont, übernimmt er als graphische Darstellung des Diskos Evans Abbildung aus der *Scripta Minoa* mit der Vier-Punkte-Leiste, ohne sie zu korrigieren bzw. zu kommentieren. Zuletzt hatte Godart die Möglichkeit, anhand von Vergrößerungen im Maßstab 3:1 Zeichnungen von beiden Seiten anzufertigen. Auch auf seinen Abbildungen von 1996 sind fünf Punkte zu sehen, wobei der umstrittene erst in der 3:1-Vergrößerung deutlich hervortritt, da er höchstens halb so groß ist wie die anderen vier.

Schließlich bleiben drittens Zweifel bestehen, obwohl alle wichtigen fotografischen Arbeiten von fünf Punkten ausgehen; sie beziehen sich allerdings nicht auf die Frage, ob auf dem radialen Strich etwas vorhanden ist, das als fünfter Punkt interpretiert werden kann – dabei handelt es sich um „a well-established fact", wie Trauth schreibt –, sondern daran, ob diese Interpretation wirklich zutreffend ist.

Einerseits fällt der Punkt in der Größenordnung gegenüber den anderen Punkten deutlich ab, ist höchstens halb so groß. Warum sollte der Hersteller aber absichtlich nur einen und gerade diesen Punkt auffallend kleiner gestaltet haben? Dafür gibt es keinen offensichtlichen Grund. Vielleicht sollte die Möglichkeit in Betracht gezogen werden, daß er dieses „Pünktchen" beim Einritzen des radialen Strichs unbeabsichtigt gesetzt hat. So befindet sich in unmittelbarer Nähe, am randständigen Ende des Feldtrenners zwischen der Zeichengruppe A 19 und A 20, ein ähnliches und in der Größe vergleichbares „Pünktchen".

Andererseits würde diese Annahme auch die unterschiedliche Positionierung der Punkte auf der A- und B-Seite erklären. Während nämlich auf der B-Seite die fünf Punkte gleichmäßig über die ganze Länge des radialen Strichs verteilt sind, so daß die zwei äußersten gleichzeitig seine Endpunkte darstellen, wobei der innere direkt auf der Spirallinie liegt, befindet sich der entsprechende Punkt auf der A-Seite nicht dort, sondern etwas unterhalb davon, d. h. er begrenzt den radialen Strich nicht mehr, sondern dieser geht quasi durch ihn hindurch und trifft erst später auf die Spirallinie. Geht man daher von zweimal fünf Punkten aus, wäre die Frage zu beantworten, warum dem Schriftkünstler die Punktleiste auf der B-Seite ästhetisch geglückt ist, auf der A-Seite aber nicht. Nimmt man dagegen jedoch an, daß das fünfte „Pünktchen" gar nicht gewollt ist, dann wären auch die verbleibenden vier Punkte insofern ästhetisch gelungen positioniert, als sie auf dem radialen Strich zentriert und geometrisch gleichmäßig verteilt sind.

Die Korrekturen

Mit diesem Begriff werden Veränderungen auf der Tonscheibe bezeichnet, die ihr Hersteller selbst vorgenommen
hat. Daher ist das, was wir heute auf dem Diskos sehen
können, das Ergebnis einer mehrmals korrigierten Erst-
fassung. Da sich der Künstler große Mühe gegeben hat, diese
Korrekturen möglichst unauffällig und ohne Schaden durch-
zuführen, sind sie sehr schwer zu erkennen. Daher wurden
sie erst Jahre, zum Teil erst Jahrzehnte nach der Entdek-
kung des Diskos aufgespürt, und nicht alle der vermuteten
Korrekturen können als gesichert gelten.

Als erster beschrieb 1909 Alessandro Della Seta zwei kor-
rigierte Stellen auf der A-Seite (A 24 und 27). Erst 53 Jahre
später publizierte Ernst Grumach zwei weitere (A 22 und
B 3). Wiederum mehr als ein Jahrzehnt verging, bis Olivier
1978 in einem Aufsatz auf insgesamt 14 Veränderungen
aufmerksam machte. Und schließlich kommt Godart 1995
auf insgesamt 16 mögliche Korrekturen. Je nachdem, worin sie bestehen, ordnen sie sich in vier qualitativ unterschiedliche Arten.

Am häufigsten, nämlich elfmal (in A 15, 16, 20, 22, 24,
27, 28, 31, B 21, 28, 30), veränderte der Hersteller den ur-
sprünglichen Text, indem er daran ging, ein oder mehrere
Zeichen zu „löschen", d. h. ihre Konturlinie abzutragen bzw.
einzuebnen und anschließend ein oder mehrere neue Zeichen darüberzustempeln. Sowohl über die Zahl als auch
über die Identität der ersetzten und dadurch zerstörten Piktogramme wurden zumeist nur Vermutungen angestellt. Allerdings will Godart z. B. im Feld B 30 unter dem Zeichen
Rundschild (Nr. 12) „mit Sicherheit" das Zeichen *Haus*
(Nr. 23) erkannt haben.[16]

Dann finden sich auf dem Diskos zwei Stellen, von denen vermutet wird, daß dort Zeichen ersatzlos gelöscht wurden, und zwar einmal unterhalb des Katzenkopfes in Feld
B 18, einmal in A 3. Hier gehen allerdings die Meinungen
auseinander. Während Ohlenroth in dem gelöschten ersten

Zeichen dieser Gruppe die einzige Korrektur am gebrannten Diskos sieht[17], vermag Godart überhaupt keine Korrektur erkennen. Dieses Stück sei vielmehr „mitsamt einem Tonsplitter weggebrochen".[18]

Eine dritter und einmaliger Korrekturtyp ist in Feld B 27 zu erkennen. Hier hat der Drucker die Zeichen Nr. 25 *Schiff* und Nr. 22 *Gabelholz* zunächst nur sehr schwach eingestempelt – Jean-Pierre Olivier vermutet darin eine Art Probedruck –, um sie dann endgültig, aber leicht versetzt in den Ton zu drücken.

Godart publiziert dann schließlich noch einen vierten, ebenfalls nur einmal vorkommenden Korrekturtyp, bei dem kein Zeichen, sondern ein Feldtrenner verändert wurde. Er findet sich zwischen den Zeichengruppen B 3 und B 4.

Bei den Korrekturen lassen sich einige Überstempelungen entdecken, aus denen allerdings keine Schlußfolgerungen für die Lese- und Schreibrichtung gezogen werden können, weil der Prozeß des Korrigierens einer anderen Logik folgt als der des Schreibens. Bestimmt sich die zeitliche Reihenfolge der Zeichensetzung nämlich beim Schreiben unmittelbar und ausschließlich aus der Reihenfolge der Lautwerte, so spielt beim Korrigieren noch anderes, wie z. B. die Platzverhältnisse in der Korrekturzone und handwerkliche Geschicklichkeit, eine Rolle. Außerdem finden sich auf dem Diskos Überstempelungen in beiden Richtungen. Für eine Linksläufigkeit sprechen sie dann, wenn ein Zeichen von dem nach links folgenden Zeichen überstempelt wurde, wie in Feld A 15, in dem das linke Tierfell das rechte überschneidet, und umgekehrt. Dort, wo ein Piktogramm von dem ihm rechts folgenden überlagert wird, deutet das auf Rechtsläufigkeit hin. So ist es in A 27, wo das Rundschild den Gefangenen überdeckt.

Nicht zuletzt stellt sich die Frage, warum die Korrekturen, insbesondere die des ersten Typs, überhaupt durchgeführt wurden. Auffällig ist, daß der Hersteller auf der Vorderseite des Diskos das Zeichen *Rundschild* sechsmal (A 16, 20, 22, 24, 27, 31) über ein zuvor gelöschtes Zeichen, welches auch immer, gestempelt hat. Dabei hat er in manchen Gruppen nur dieses eine Piktogramm neu gedruckt, wie in A 20, in anderen hat er noch weitere hinzugefügt, so in A 27. Wie auch immer, das endgültige Ergebnis der nachträglichen Änderungen ist, daß in jeder Gruppe die Zeichenkombination *Rundschild/Federkopf* am Ende bzw. am Anfang steht.

Bereits 1962 hatte Ernst Grumach, obwohl er nur drei dieser Korrekturen kannte, darauf hingewiesen, daß das kein Zufall sein kann. Auch die Vorstellung, der Drucker habe in so kurzem Abstand sechsmal hintereinander das Zeichen Rundschild mit einem anderen verwechselt, kann fast ausgeschlossen werden. Grumach sah darin vielmehr einen Hinweis auf den Zusammenhang dieser Korrekturen und damit auch auf die Beziehung der korrigierten Gruppen zueinander. Dies führte ihn zu der Vermutung, daß „der Korrektor nicht Fehler berichtigt, sondern eine Verbesserung vorgenommen hat, oder mit anderen Worten: daß er den in Frage stehenden Satz anders ‚konstruiert‘ hat, um damit eine inhaltliche oder formale Verbesserung zu erzielen oder beides".[19]

Worin diese Verbesserung von Fall zu Fall besteht, wird wohl erst anhand der richtigen Entzifferung des Diskos-Textes rekonstruiert werden können. Aber schon heute muß sich jeder Entzifferungsversuch auch daran messen lassen, ob er die Korrekturen, soweit sie noch erkennbar sind, nach seinen eigenen sprachlichen Regeln nachvollziehen und erklären kann.

Siebtes Kapitel

Schriftsystem und Sprache

D ie Schrift kann als eine der bedeutendsten Erfindungen in der Entwicklung der Menschheit gelten. Sie ist relativ neu, geht man von der Zeit aus, die wir als Gattung auf der Erde existieren. Die Sprache, die den Menschen von allen anderen Lebewesen unterscheidet, gab ihm die Möglichkeit, Gedanken und Gefühle mitzuteilen und mit seinesgleichen zu kommunizieren, doch das gesprochene Wort blieb, selbst wenn es als Botschaft über weite Entfernungen übermittelt oder als Vermächtnis über mehrere Generationen weitergegeben wurde, verhältnismäßig eng auf Raum und Zeit begrenzt, da nichts die richtige Überlieferung des zuerst gesprochenen Wortes gewährleisten konnte. Das änderte sich erst, als vor 6000 Jahren erste Möglichkeiten der Verschriftlichung von Sprache gefunden waren. Seitdem haben sich unterschiedliche Schriftsysteme herausgebildet. Für den Diskos von Phaistos kommen dabei potentiell drei und ihre Mischformen in Betracht: Bilder-, Silben- und Buchstabenschrift. Welches System das richtige ist, stellt eine grundsätzliche Streitfrage in der Forschung dar.

Silbenschrift

In der Entzifferungsgeschichte des Diskos geht die Mehrheit der Forscher von einer Silbenschrift aus.[1] Danach steht jedes Zeichen für eine Silbe und jede Zeichengruppe für ein Wort. Reine Silbenschriften sind jedoch sehr selten.

1929 gab für Gunther Ipsen die vermutete Gesamtzeichenzahl der Diskos-Inschrift – „jedenfalls mehr als 50, aber gewiß nicht erheblich über 60" – den Ausschlag für die Annahme, daß „hier eine Silbenschrift vorliegt".[2] Die 45 Zeichen auf dem Diskos, so Godart mehr als sechs Jahrzehnte später, sind für ein Buchstabensystem zu viel und für ein Bildsystem zu wenig, daher könne er „ohne jeden Zweifel sagen, daß die vom Verfasser des Textes verwendete Schrift eine Silbenschrift war".[3] Zum gleichen Ergebnis kommt auch Irene Müller. Ihr Hauptargument ist die Einordnung der Diskosschrift in die ägäischen Schriftsysteme. Sie sei „mit Sicherheit eine Silbenschrift wie in Linear B und im Kyprischen".[4]

Gerade der Vergleich mit Linear B führt Günter Neumann zu einem differenzierteren Standpunkt. Zwar hält er grundsätzlich an der Silbenschrift fest, aber er rechnet auch mit Bildzeichen: „Da dort (in Linear B) neben den Silbenwerten im Schriftsystem viele Logogramme existieren, wäre es überraschend, wenn der Diskos nur Silbenzeichen und keine Träger von Wortbedeutungen gekannt haben sollte."[5]

Weitaus entschiedener kritisiert Michael Trauth die Auffassung, daß es sich um eine reine Silbenschrift handelt. Neben dem Alter und der Sprache des Diskos begründet er dies insbesondere mit zwei statistischen Beobachtungen. Zum einen sind die Piktogramme extrem unterschiedlich auf die beiden Diskos-Seiten verteilt, fast die Hälfte, nämlich 21, erscheinen nur auf einer Seite. Und während z. B. das Zeichen Nr. 2 *Federkopf* auf der Vorderseite vierzehnmal, auf der Rückseite nur fünfmal vorkommt, ist es bei dem Zeichen Nr. 3 *Brust/Helm* umgekehrt: Es erscheint auf der Seite A nur dreimal, auf der Seite B aber fünfzehnmal.

Bei einer reinen Silbenschrift, so Trauth, muß aber in der Regel mit einer gleichmäßigen Verteilung der Zeichen über die Gesamtlänge des Textes gerechnet werden, falls kein inhaltlich-thematischer Grund dagegen spricht, und das sei höchst unwahrscheinlich.

Dazu ist zu erwähnen, daß einige Forscher gerade eine solch inhaltliche Veränderung beim Übergang von der einen auf die andere Diskosseite vermuten, so z. B. Thomas S. Barthel, der den offenkundigen Kontrast zwischen der A- und der B-Seite als thematischen Wechsel zwischen Tag und Nacht sowie zwischen männlich und weiblich betrachtet[6]; ähnlich auch Grumach, der den Übergang von einem männlichen zu einem weiblichen Thema des Diskos nicht erst beim Seitenwechsel von A 31 nach B 1, sondern bereits zwischen den Zeichengruppen A 27 und 28 erkannt haben will.[7]

Zum zweiten führt Trauth die übermäßige Länge der als „Wörter" interpretierten Zeichengruppen als Argument gegen eine reine Silbenschrift an. Die Wörter der meisten westlichen Sprachen sind zu 85 bis 95 Prozent ein- bis dreisilbige. Im Vergleich damit bietet der Diskos ein deutlich anderes Bild: Die meisten Zeichengruppen (= Wörter), nämlich 39 von 61, das sind fast zwei Drittel, bestehen aus vier oder mehr Zeichen (= Silben). Und die in westlichen Sprachen am häufigsten auftretenden ein- und zweisilbigen Wörter kommen auf dem Diskos entweder gar nicht – ein Feld mit nur einem Zeichen gibt es auf dem Diskos nicht – oder nur sechsmal vor, das sind gerademal zehn Prozent.

Daraus zieht Trauth den Schluß, daß es sich bei der Diskos-Inschrift im wesentlichen um eine ideographische, d. h. um eine Bilderschrift handelt, in der es neben den Bildzeichen eine nicht exakt bestimmbare Menge von Silbenzeichen gibt. Auch Thomas S. Barthel[8] und J. T. Hooker[9] gehen von einem gemischten System aus Silben- und Bilderschrift aus. Die Zeichengruppen stellen also keine Wörter, sondern Wortgefüge bzw. Satzteile dar.

Bilderschrift

Als Bilderschrift werden Schriften bezeichnet, deren Zeichen, auch Ideogramme oder Logogramme genannt, das meinen, was sie darstellen. So steht z. B. ein gezeichnetes Haus für den Begriff *Haus*, nicht aber für das Wort H-a-u-s, h-o-u-s-e oder c-a-s-a. Daher kann eine Bilderschrift unabhängig von einer Sprache „gelesen" werden, weil zwischen den Bildzeichen und den Sprachlauten keine Beziehung besteht, die Bildzeichen also kein spezifisches sprachliches Klangbild darstellen. Eine Bilderschrift benötigt daher je nach Komplexität mehrere hundert oder mehrere tausend Ideogramme. Wenn man also annimmt, daß der Diskos Text eine reine Bilderschrift ist, dann versinnbildlicht jedes Zeichen ein oder sogar mehrere Wörter, die Zeichengruppen müßten als Sätze oder Satzteile interpretiert werden, und die gesamte Inschrift würde sich durch eine enorme Länge auszeichnen.

Tatsächlich kommen Autoren, die diese Auffassung vertreten, wie Victor J. Kean oder Lienhard Delekat, bei ihren Entzifferungsbemühungen auch auf mehrseitige Textkörper. Unabhängig von ihrer zum Teil unausgewiesenen und insgesamt sehr fragwürdigen Methodik, ist bereits schon die Grundannahme höchst unwahrscheinlich. Gegen eine Bilderschrift spricht zum einen die geringe Zahl der Zeichen des Diskostextes – selbst wenn man völlig zu Recht davon ausgeht, daß es noch weitere gibt, die für ihn nicht gebraucht wurden, sind 45 einfach zu wenig –, zum zweiten weist die Inschrift häufige und charakteristische Zeichenwiederholungen auf, ein sinnvoller Text mit so zahlreichen Wort- bzw. Begriffswiederholungen ist jedoch nur sehr schwer vorstellbar, und drittens wäre bei einer sehr großen Zeichenzahl die Drucktechnik mit einem eigenen Stempel für jedes Bild unökonomisch, ja geradezu umständlich und daher unsinnig. Schließlich hat bereits Hans Jensen 1969 darauf hingewiesen, daß für kein zivilisiertes Volk der empirische Nachweis einer reinen nicht-lautlichen Bilderschrift bekannt ist.[10] Alles in allem spricht daher einiges dafür, die Annahme, daß es sich um eine reine Bilderschrift handelt, zu verwerfen.

Buchstabenschrift

Die uns geläufige Buchstabenschrift gilt als die letzte und höchste Stufe der Schriftsysteme. Bislang wird allgemein davon ausgegangen, daß sich z. B. das griechische Alphabet erst um 800 v. Chr. herausgebildet hat. Da die Buchstabenschrift, zumindest prinzipiell, für jeden Laut ein Zeichen hat, ist sie auch die ökonomischste, d. h. sie kommt mit den wenigsten Zeichen aus. Beides, sowohl ihr relativ junges Alter als auch ihre geringe Zeichenzahl, wurde wiederholt als Argument im Streit um das Schriftsystem des Diskos benutzt. „Eine reine Buchstabenschrift", so Günter Neumann 1968, „ist zu so früher Zeit – und durch die dafür zu hohe Anzahl der Zeichen – ausgeschlossen."[11]

Nun hat Trauth zu Recht darauf hingewiesen, daß unser lateinisches Alphabet nicht als Maßstab für die Zeichenzahl genommen werden kann. Die 45 Piktogramme des Diskos sind nicht unvereinbar mit einer Buchstabenschrift. Zwar hat z. B. die deutsche Sprache mit ihren insgesamt 30 (26 plus ä, ö, ü und ß) deutlich weniger Buchstaben, aber auch sie kommt auf weit über 40 Lautwerte (u. a. ch, ck, sch, ai, ei, oi). Die *International Phonetic Association* differenziert sogar über hundert verschiedene Lautwerte. Und tatsächlich gibt es Sprachen mit 37 Konsonanten und 7 Vokalen.

Bereits 1948 war Ernst Schertel der Auffassung, daß die von ihm auf dem Diskos vermuteten über 50 Zeichen für eine Buchstabenschrift zwar „reichlich viel" sind, jedoch nicht so viel, daß man diese Zahl von vornherein ausschließen kann: „Wenn man nämlich alle Lautnuancen und Lautlängen und -kürzen einer Sprache durch eigene Zeichen wiedergeben würde, dann käme man ohne Mühe an 50 Zeichen heran und sogar noch darüber hinaus."

Schertel entwickelte eine statistische Methode, mit der er glaubte, unterschiedliche Schriftsysteme unabhängig von der Sprache, selbst wenn sie unbekannt sei, erkennen zu können.[12] Nach einer Untersuchung der Diskos-Schrift kam er zu dem Ergebnis, daß sie eine „merkwürdige Mischform" aus Buchstaben- und Silbenschrift darstellt. Sie „besitzt für alle Vokale und mindestens für eine große Anzahl von Konsonanten eigene Buchstaben, während sie daneben auch über eigene Silbenzeichen verfügt, mit denen aber in der Hauptsache nur die häufiger vorkommenden Silben ausgedrückt werden, so daß die seltener auftretenden Silben meist eine buchstabenmäßige Ausschreibung erfahren. Diese Struktur des Schriftsystems entspricht durchaus dem praktischen Sinn, der im ganzen hinter dem Diskos steht, denn es sind auf diese Weise die Vorzüge einer Buchstabenschrift mit denjenigen einer Silbenschrift verbunden, gleichzeitig ist aber auch die Schwerfälligkeit und Ungefügtheit einer reinen Silbenschrift vermieden und (...) ein Mittel geschaffen, die eigene Sprache so zu schreiben, wie sie zu der betreffenden Zeit wirklich klingt und nicht, wie sie in früheren Entwicklungsstadien einmal geklungen hat, welcher längst vergangene Zustand eben in jeder reinen Silbenschrift festgehalten erscheint".[13]

Fast 50 Jahre später legte Derk Ohlenroth eine Entzifferung vor, der die Annahme zugrunde liegt, daß der Diskos-Text eine Form des Altgriechischen darstellt und auf einem hochdifferenzierten alphabetischen Lautsystem beruht. Im Unterschied zum griechischen Alphabet, das nur 24 Zeichen hat und daher in der Wiedergabe der Lautwerte wie übrigens auch in der optischen Gestaltung der meisten Zeichen eine sehr hohes Abstraktionsniveau zeigt, ziele die Diskos-Schrift jedoch eher auf eine individuelle Ausprägung und eine feine Nuancierung. Daher auch die fast doppelte Anzahl Zeichen, mit denen die phonetischen Schattierungen der damaligen Sprache besser hätten berücksichtigt werden können. Ohlenroth listet z. B. sechs verschiedene Diskos-Zeichen für den griechischen Buchstaben Alpha auf, wobei jedes von ihnen für eine andere Lautvariante des Vokals A steht. „Damit liefert die Diskos-Inschrift", so der Autor, „nichts Geringeres als das höchst individuelle Portrait eines kretischen Lokaldialekts aus minoischer Zeit."[14]

Als das Hauptargument gegen eine reine Buchstaben- bzw. Lautschrift gilt in der Forschung bislang das Alter der Tonscheibe. Auf einem Objekt der ausgehenden mittelminoischen Epoche könne kein Text mit diesem Schriftsystem und noch dazu in griechischer Sprache erscheinen, weil es das griechische Alphabet zu dieser Zeit noch gar nicht gegeben habe. Wenn jedoch Ohlenroth recht behalten sollte, wäre damit nicht nur dieses Argument widerlegt, sondern dann stünde auch die traditionelle Zeitrechnung für den ägäischen und griechischen Kulturraum insgesamt in Frage. Das multikulturelle Hellas erschiene dann nämlich in einer ungebrochenen Kontinuität seit der Bronzezeit und könnte damit auch dem Alter nach mit außerägäischen Hochkulturen konkurrieren.

Die Sprache des Diskos

Die Beantwortung der Frage, welche Sprache sich hinter der Diskos-Inschrift verbirgt, hängt mit der Auffassung über die Herkunft der Tonscheibe zusammen. Die überwiegende Zahl der Gelehrten geht von einer indogermanischen/ indoeuropäischen Sprache aus, obwohl auch darüber, so z. B. von Trauth, erhebliche Zweifel geäußert werden.

In den letzten drei Jahrzehnten wurde der Diskos-Text mehrfach als luwisches (Best und Woudhuizen 1988), als hethitisches (Davis 1967, Georgiev 1975[15]) oder als semitisches Idiom (Gordon 1966, Meerten 1977 und Aartun 1992) aufgefaßt und interpretiert.

Entgegen der Auffassung von Michael Trauth, der in seinem kritischen Forschungsresumee von 1990 mit besonderem Nachdruck formuliert, daß die Sprache des Diskos nicht Griechisch ist, kamen sowohl vor als auch nach ihm mehrere Forscher zu dem Ergebnis, daß die Zeichen eine frühe Form des Griechischen darstellen (Hempl 1911, Stawell 1911, Sittig 1956, B. V. Gwynn/N. Kolyvanos 1977[16], Fischer 1988). Interessanterweise finden sich dabei Anhänger aller drei Schriftsysteme: Delekat (1979) liest beispielsweise die griechische Sprache als Bilderschrift, Dettmer (1989) als Silbenschrift und Ohlenroth (1996) als alphabetische Lautschrift.

Duhoux (1983) nimmt an, daß es sich bei der Diskos-Inschrift um denselben Sprachtypus wie in Linear A handelt, während Schwartz (1959) eher an das gleiche oder ähnliche mykenische Griechisch wie in Linear-B-Texten denkt. Die oftmalige Bezeichnung der Sprache von Linear A als minoisch hilft für eine sprachliche Spezifizierung nicht viel weiter, weil sie nur der Verdeutlichung der theoretischen Auffassung dient, daß die beiden Schriftsysteme zwei unterschiedliche Sprachen darstellen: Linear A minoisch, soll heißen nichtgriechisch, und Linear B griechisch.

Schließlich sei vermerkt, daß der Versuch, die Diskos-Inschrift als westfinnisches bzw. urestnisches Idiom (Gleye 1912[17]) oder als indisch (Sankarananda[18]) zu deuten, weniger ernst genommen werden muß.

Achtes Kapitel

Lese- und Schreibrichtung

Die Frage der Lese- und Schreibrichtung des Diskos hat die Gelehrtenwelt und interessierte Laien in zwei Lager bzw. Schulen gespalten. In beiden finden sich namhafte Vertreter unterschiedlicher Forschungsdisziplinen. Während die einen der Auffassung sind, die Inschrift verlaufe vom Zentrum zur Peripherie[1], sind die anderen nicht minder davon überzeugt, es sei genau umgekehrt.[2] Es leuchtet sofort ein, warum in dieser Frage seit nunmehr neunzig Jahren so engagiert gestritten wird. Die Richtung ist ebenso wie das Schriftsystem und die Sprache eine der drei Grundgrößen, die, wenn sie falsch bestimmt werden, jeden Entzifferungsversuch unweigerlich in die Irre führen. Gibt es jedoch bei den letzten beiden immerhin mehrere bzw. sogar relativ viele Möglichkeiten der Hypothesenbildung und damit auch der Diskussion, konzentriert sich der Streit bei der Schreibrichtung auf die Alternative: Rechtsläufigkeit (von innen nach außen) oder Linksläufigkeit (von außen nach innen). Lediglich Paolo Ballotta verknüpft in seiner Entzifferung von 1974 beide Möglichkeiten, indem er von einer rechtsläufigen Außenzone und einer linksläufigen Innenzone ausgeht.

In der rund 6000jährigen Schriftgeschichte gibt es noch weitere Möglichkeiten der Lese- und Schreibrichtung. Einige Schriften laufen von oben nach unten, wie auf der Bronzeaxt von Arkalochori, oder umgekehrt. Andere verlaufen abwechselnd von einer Richtung in die andere, d. h. sie gehen am Ende einer Zeile/Spalte in der nächsten in entgegengesetzter Richtung wieder zurück, anstatt direkt zum Zeilen-/Spaltenanfang zu springen. Ein berühmtes Beispiel dieser auch als *bustrophedon* oder furchenwendig bezeichneten Schriftart ist die 1884 von Federico Halbherr entdeckte große Rechtsinschrift von Gortys. Für den Diskos können diese Variationen aus naheliegenden Gründen ausgeschlossen werden, die Form der Spirale läßt sie nicht zu.

In der langen Entzifferungsgeschichte des Diskos wurde immer wieder behauptet, die umstrittene Frage der Lese- und Schreibrichtung sei geklärt. So schreibt z. B. Victor J. Kean: „Es gilt auch als erwiesen, daß der Diskos von der Mitte zum äußeren Rand gelesen wird."[3] Nun liegt es auf der Hand, daß jeder Forscher/Autor, der sich an einer Entzifferung versucht, zwangsläufig von der Richtigkeit seiner Entscheidung ausgehen muß, da er sich sonst selbst und seine Arbeit ad absurdum führen würde; es ist daher nur verständlich, wenn die eigene These für die richtige gehalten wird. Dennoch war und bleibt auch heute richtig: Der Wettstreit der Meinungen ist nicht entschieden, sondern er muß fortgeführt werden.

Die Geschichte dieses Wettstreits kann hier nicht umfassend nachgezeichnet werden, dafür ist die Zeitspanne zu lang, die Argumentationsebenen zu vielfältig und die Zahl der zum Teil sehr detaillierten Begründungen zu groß. Deshalb soll eine zwangsläufig unvollständige und lediglich skizzenhafte Darstellung des Disputs genügen.

Streitgeschichte(n)

Luigi Pernier, der Entdecker des Diskos, sprach sich 1908 zunächst für eine rechtsläufige Lese- und Schreibrichtung aus.[4] Evans und andere schlossen sich dieser Meinung an.

Nur ein Jahr später veröffentlichte Alessandro Della Seta eine ausführliche und detaillierte Untersuchung, in der er mehrere, hauptsächlich drucktechnische Beobachtungen als Begründung für die entgegengesetzte gegenläufige Richtung vorbrachte. Sein zentrales Argument lautete: Da an einigen Stellen des Diskos das jeweils links stehende Zeichen das rechtsstehende überschneidet, muß, so die logische Schlußfolgerung, das linke Zeichen später eingestempelt worden sein, und das bedeutet nichts anderes, als daß die Schrift von rechts nach links geschrieben wurde und auch so gelesen werden muß. Insbesondere die Überschneidungen in den Zeichengruppen A 12, A 15, A 18 und B 23 galten seitdem als entscheidendes Argument für die Linksläufigkeit. Nachdem zuerst Pernier seine Auffassung änderte, und sich auch Evans von Della Seta überzeugen ließ[5], sah es für eine längere Zeit so aus, als ob der Streit zugunsten der Lese- und Schreibrichtung von außen nach innen entschieden sei.

Erst 1948 meldete sich mit Ernst Schertel wieder eine gewichtige Stimme für die Rechtsläufigkeit zu Wort. „Man mache das Experiment, eine solche Spiralschrift herzustellen", schrieb er und verwies u. a. darauf, daß es erheblich schwieriger sei, einen Text von 30 bis 40 Wörtern fortlaufend von außen nach innen zu schreiben und dabei exakt mit dem letzten Buchstaben im Zentrum anzukommen, als ihn umgekehrt genau am äußeren Rand zu beenden; während man im ersten Fall „stundenlang mühselig experimentieren müsse", erhalte man im zweiten „in kürzester Zeit ein exaktes Ergebnis".[6] Schwerer als solche technischen Argumente wogen aber sprachliche Gründe, dazu jedoch später.

Auch Ernst Grumach versuchte 1962 die zu diesem Zeitpunkt noch immer vorherrschende Ansicht, daß der Diskos linksläufig zu lesen sei, dadurch zu entkräften, daß er auf den Unterschied zwischen einem geschriebenen und einem gestempelten Text hinwies. „Ich halte Della Setas Argument nicht für zwingend, da Regeln, die für Schriftstücke gelten, sich nicht ohne weiteres auf einen gestempelten Text übertragen lassen. Während bei einem geschriebenen Text Schrift- und Leserichtung notwendig zusammenfallen, können sie bei einem gestempelten auseinandergehen, besonders dann, wenn es sich um einen Kopie handelt. Wenn diese von einem illiteraten Handwerker stammt, lassen sich aus der Stempelrichtung keine Schlüsse ziehen, ja man könnte sich vorstellen, daß der Kopist jeweils am Rande begonnen hat, um zunächst möglichst wenig über den feuchten Ton zu greifen."[7]

Obwohl der Einwand durchaus richtig war, vermochte er Della Setas Überschneidungstheorie nicht wirklich zu widerlegen. Als schließlich auch Yves Duhoux in seinem umfassenden Resumee über den aktuellen Forschungsstand beim Diskos von Phaistos 1977 sich auf dessen Seite schlug und die Überschneidungen, und nur sie, als unwiderlegbar bezeichnete[8], avancierte die These von der linksläufigen Schreibrichtung zu einem, wie Trauth formulierte, „canonical fact"; der Streit schien nun endgültig entschieden. Tatsächlich hatten die Befürworter der rechtsläufigen Lese- und Schreibrichtung bis dahin zwar viele unterschiedliche Argumente vorgebracht, aber sie kamen alle gegen die scheinbar zwingende Logik der Überschneidungstheorie nicht an.

Das änderte sich 1986, als Hans-Joachim Haecker in der angesehenen Fachzeitschrift *Kadmos* folgendes Experiment schilderte: „Dabei habe ich einen stempelähnlichen Gegenstand zweimal in Knetmasse (später auch in Ton) gedrückt, einmal tief und ein zweites Mal schwächer, und zwar so, daß der zweite Eindruck nur den Rand des ersten überschnitt. Das Ergebnis: nicht der erste, sondern der zweite – schwächere – war deformiert, wirkte wie abgeschnitten. Erklären läßt sich dies so: Das später und zugleich schwächer eingestempelte Zeichen reicht dort, wo es den Rand des früher und zugleich tiefer eingestempelten Zeichens überschneidet, nicht bis zur Tonschicht hinunter, hängt also gleichsam in der Luft und kann an dieser Stelle keinen Abdruck hinterlassen. Daher bleibt es hier unvollständig und wirkt so, als sei es selbst überschnitten."[9] Das bedeutete aber nichts anderes, als daß „nicht die Reihenfolge, sondern die Stärke der Einstempelung für die Überschneidungen maßgebend ist".[10]

Dieses Experiment stellte zum erstenmal das Überschneidungsargument ernsthaft und gleichzeitig radikal in Frage, es konnte genauer gesagt und zugespitzt, nach diesem Experiment theoretisch nun sogar dazu dienen, das Gegenteil von dem zu erklären, was es bisher scheinbar eindeutig begründet hatte. Haeckers Überlegungen waren zwar kein Beweis für die rechtsläufige Lese- und Schreibrichtung, aber sie entwerteten das bis dato die Diskussion dominierende Schlüsselargument für die Linksläufigkeit der Diskos-Inschrift. „Überschneidungen des Zeichenrandes sind also aufgrund des oben dargestellten Experimentes für die Feststellung der Schriftrichtung nicht brauchbar."[11]

Mit dieser Entwertung ging gleichzeitig eine Aufwertung der bisher verdrängten Ansätze zur Lösung der Richtungsfrage einher. Die jahrzehntelange Dominanz des Überschneidungsarguments hatte die Komplexität des Problems lange Zeit auf seine drucktechnische Seite reduziert. Nun gab es die Möglichkeit, andere Aspekte in den Blick zu bekommen und alte und neue Spuren wieder aufzunehmen.

Aspekte der Sprache

Nicht nur Ernst Schertel war aufgefallen, daß sich bestimmte Zeichen, Doppelzeichen und Zeichengruppen häufig, aber auf den beiden Seiten des Diskos unterschiedlich wiederholen. Diese Wiederholungen erklärte er sich durch das gehäufte Auftreten von gleichen Wortstämmen (mit wechselnden Vor- und Endsilben) und von gleichen Endsilben (mit wechselnden Wortstämmen).

Ein Beispiel: Auf der A-Seite besteht die Zeichengruppe A 2 aus den Zeichen Nr. 1 *Gehender Mann* und Nr. 13 *Keule*. In der Gruppe A 6 erscheinen beide erneut, allerdings folgt ihnen hier noch das Zeichen Nr. 12 *Rundschild* und Nr. 2 *Federkopf*. Alle vier finden sich wiederum in der letzten Gruppe, in A 31, diesmal ist ihnen aber zusätzlich noch die Nr. 18 *Winkel* vorangestellt, es sind daher insgesamt fünf Zeichen. In diesem Fall, so die These, die über 40 Jahre später auch Dettmer vertritt, steht in der Gruppe A 2 der Wortstamm (Nr. 1, 13), dem in A 6 eine Endsilbe/Suffix (Nr. 1, 13, 12, 2) und in A 31 zusätzlich eine Vorsilbe/Präfix (Nr. 18, 1, 13, 12, 2) hinzugefügt wurde.

Die hier als Endsilbe identifizierte Zeichenkombination *Rundschild/Federkopf* (Nr. 12, 2) findet sich auf der A-Seite zwölfmal, auf der B-Seite einmal. In dieser auffallenden Häufung einer gleichartigen Endsilbe sieht Schertel nun den „zwingenden Beweis" für die rechtsläufige Lese- und Schreibrichtung des Diskos. „Denn wollte man diese Schrift linksläufig lesen, dann müßten jene sämtlichen gleichartigen Endsilben als Vorsilben fungieren, was undenkbar wäre, so als wenn man etwa das lateinische ‚dominus deus optimus maximus usw.' von rechts nach links lesen wollte, wobei man lauter mit ‚su-' anlautende Wörter erhalten würde."[12] Nur bei Rechtsläufigkeit würden sich viele der Zeichengruppen, wie im obigen Beispiel exemplarisch dargestellt, „als Schriftsymbole für ganz regulär aus bestimmten Wortstämmen durch Suffixbildung entwickelte Wörter erweisen", während sich bei Linksläufigkeit „nichts Derartiges ergibt, sondern das Ganze schon rein bildhaft ein sinnloses Chaos darstellt".[13]

Die Beweisführung, daß der Diskos also deswegen rechtsläufig gelesen werden muß, weil sich nur dann eine sinnvolle sprachliche Struktur ergibt, lehnt Trauth 1990 entschieden ab. Er hält das für einen Zirkelschluß, weil dabei genau jener Aspekt als Arbeitshypothese vorausgesetzt wird – eine sinnvolle Sprachstruktur –, der in der Untersuchung erst herausgefunden werden soll. Solange es keine gesicherten sprachlichen Vorkenntnisse über den Diskos gibt, die präzise Schlußfolgerungen erlauben, müsse diese Beweisführung zurückgewiesen werden.[14]

Sechs Jahre nach diesem kritischen Einwand bekommt Schertel posthum argumentativen Beistand durch Derk Ohlenroth, der mit seiner Entzifferung 1996 viele Aussagen Schertels im nachhinein bestätigt sieht: u. a. die Auffassung über die rechtsläufige Lese- und Schreibrichtung und die richtige Verortung der Flexionsendungen als ihr wichtigstes Argument. Während Schertel die Zeichenkombination *Rundschild/Federkopf* mit der Endsilbe *-us* verglich, erkennt Ohlenroth in ihr das griechische *-os*.

Das Zentrum der Spirale

Auf beiden Seiten des Diskos wird das Zentrum durch die Form des Kreises, durch die spiralig angeordnete Schrift und den zumeist mit ihrem Kopfende in die Mitte weisenden Piktogrammen sowie durch ein „offenbar bedeutsames Zeichen" – auf der A-Seite durch die Rosette, auf der B-Seite durch die Brust/den Helm – hervorgehoben. Diese ästhetische Betonung der Mitte verweist auf ihre Bedeutung für den Textaufbau. „Man muß sich zwingen", schreibt Ernst Grumach, „bei der Betrachtung des Diskus nicht zuerst auf die Zentren zu sehen, während man die Gruppen A 31 und B 30 erst mühsam im Gleichmaß der Außenzeilen suchen muß. Sie zum Anfang, die Mitte aber zum gleichgültigen Ende der Inschrift zu machen, heißt die Dinge auf den Kopf stellen."[15]

Genau umgekehrt sieht es Gunter Ipsen. Er deutet die zum Zentrum weisenden Zeichen gerade als Indiz dafür, daß die Schrift von außen nach innen, also linksläufig, gelesen werden muß.

Auf die Form der Spirale als Argument für die Rechtsläufigkeit bezieht sich wiederum Ohlenroth. Für ihn ist es ganz offensichtlich, daß sich eine Spirale aus ihrem Zentrum heraus entwickelt, dazu erübrige sich eine Diskussion. Aber nicht die Spirale an sich sei die unverwechselbare Besonderheit des Diskos, sondern die spiralige Anordnung der Bildzeichen. Worin besteht ihr Sinn? Da Bildzeichen anders als Alphabetzeichen zum immanenten Mitvollzug einladen, ist der Sinn ihrer spiraligen Anordnung „Diskursion in der Einheit". Diese Einheit ist laut Ohlenroth aber nur bei einem Ansatz in der Mitte gesichert, „da das Zentrum als solches die kreisförmige Außenkontur mitzitiert", während ein Ansatz am Rande der Tonscheibe „ehe die Einheit überhaupt gerwonnen ist, deren Alternative evoziert".[16]

Blick- und Laufrichtung der Bildzeichen

Einen weiteren Beweis für die Linksläufigkeit der Diskos-Inschrift sah Della Seta 1909 in der Blick- und Laufrichtung der Bildzeichen. Da sowohl in der ägyptischen Hieroglyphenschrift als auch in der hethitischen Bilderschrift die Gesichter von Menschen und anderen Lebewesen dem Leser entgegenblicken, und das sei ein allgemeingültiges Prinzip, müsse auch der Diskos von außen nach innen zu lesen sein, weil dessen figürliche Zeichen nach rechts schauen bzw. sich dorthin bewegen.[17]

Tatsächlich schwankt aber die Stellung der menschlichen und tierischen Figuren in hieroglyphischen Schriften, d. h. ihre Blick- und Laufrichtung muß nicht immer dem Leser, sie kann auch dem Zeilen- bzw. dem Textende zugewandt sein. Daher beweisen die nach rechts ausgerichteten Figuren des Diskos weder die Links- noch die Rechtsläufigkeit. Allerdings lassen sich auch in dieser Frage einige weitere Indizien sammeln.

Zum einen gilt sowohl für die hieroglyphische Kursive als auch für Linear A und Linear B, also für alle kretischen Schriftsysteme, die Rechtsläufigkeit, zum anderen setzt sich in Linear-A-Texten mit der Rechtsläufigkeit gleichzeitig die Regel durch, daß die Menschen- und Tierfiguren in die Richtung des Schriftverlaufs schauen. Daraus eine rechtsläufige Leserichtung des Diskos-Textes abzuleiten, setzt allerdings voraus, ihn ebenfalls in den Kreis der kretischen Schriftsysteme einzuordnen. Das ist allerdings sehr umstritten. Während beispielsweise Aartun seine „schriftgeschichtliche Verwandtschaft mit den bekannten altkretischen Schriftsystemen" für bewiesen hält[18], meint Louis Godart „mit Bestimmtheit" sagen zu können, daß er „überhaupt nichts mit den Schriften des minoisch-mykenischen Kreta zu tun hat".[19]

Eine weitere Besonderheit des Diskos ist die Dynamik einiger seiner Zeichen: die berühmten Schachermeyrschen „Bewegungsbilder". Dies ist übrigens auch ein Kontrast zu den ägyptischen Hieroglyphen, die zumeist statische Figuren zeigen. Insbesondere das Zeichen Nr. 1 *gehender Mann* weist „geradezu suggestiv in die Richtung der Schrift: der Mann läuft mit ihr mit und zieht sozusagen den Leser mit sich weiter", wie Rudolf Hoschek 1981 schrieb.[20]

Aber auch andere Zeichen, wie z. B. *fliegender Vogel* (Nr. 33) „erzeugen eine innere Bewegung, der der Leser schon deshalb unwillkürlich folgt, weil er selbst keine Größe eigenen Rechts ist; die Rezeption erfolgt immanent: Die Bilder sind der Sinn".[21] Der Aspekt, daß bereits die Form der Figuren, hier also speziell die Richtung, wohin sie blikken, gehen oder fliegen, ihre verständnisvolle Aufnahme im Leseprozeß unterstützen soll, läßt es als naheliegend erscheinen, daß die Rezeption der spiraligen Schrift nicht gegen ihre immanente Bewegungsrichtung erfolgt. Ohlenroth verweist zudem darauf, daß in archaischen Bildszenen nur solche Figuren gegen den Betrachter blicken, also aus der Immanenz herausschauen, die noch über Beziehungen zu einer Welt außerhalb des menschlichen Alltags verfügen, wie z. B. Fabelwesen, Gottheiten, Musen, Tote und Sterbende.

Punktleisten II

Ursprünglich hatte sich Luigi Pernier 1908, also bevor ihn Della Seta mit dem Überschneidungsargument vom Gegenteil überzeugte, wegen der Punktleisten für die Rechtsläufigkeit der Diskos-Inschrift ausgesprochen. Fast 90 Jahre später – das Plädoyer Rudolf Hoschecks 1981 für eine Leserichtung vom Zentrum zur Peripherie aufgrund der vermuteten unterschiedlichen Zahl der Punkte auf beiden Seiten des Diskos wurde bereits ausführlich dargestellt – kommt zuletzt Ohlenroth in seiner Argumentation wieder erneut auf sie zu sprechen.

Die Punktleiste ist im Prinzip wie der einzelne Feldtrenner eine vertikale Linie, nur daß auf ihr zusätzlich Punkte aufgebracht wurden. Nun liegt die Vermutung nahe, daß dieser ästhetische Unterschied Ausdruck einer funktionalen Differenz ist. Worin könnte sie bestehen?

Geht man davon aus, daß die einzelnen Zeichengruppen Wörter darstellen, dann dienen die Feldtrenner dazu, sie unterscheidbar zu machen: vor dem vertikalen Strich geht ein Wort zu Ende, nach ihm fängt ein neues an. Gerade weil ihre Aufgabe darin besteht, diese Unterscheidung deutlich zu machen, müssen sie aber auch durchlässig sein, weil man sie, um im Lese- und Schreibprozeß von einem Wort zum nächsten zu kommen, überschreiten muß. Diese Doppelfunktion – statische Trennung der Wörter bei gleichzeitiger Durchlässigkeit für ihre dynamische Sinnverbindung – erscheint graphisch in der Form eines einfachen vertikalen Strichs. Bei der Punktleiste wird dieser Strich nun in einer auffallenden Art und Weise durch die Punkte verstärkt. Das könnte der ästhetische Hinweis auf ihre Undurchlässigkeit sein. Damit macht die Punktleiste als Markierung des Einstiegs in den Text aber keinen Sinn, weil sie den Leser nicht in den spiraligen Text hineinzieht, sondern ihn im Gegenteil ausgrenzt. Naheliegend und logischer ist es, die Punktleiste dagegen als die unüberschreitbare Grenze in der dynamischen Bewegung des Schreibens und des Lesen zu betrachten – eben als ihr Ende. Damit ist die Punktleiste als graphische Markierung und ästhetische Hervorhebung eines Bewegungsabschlusses in der Tat „ein starkes Argument für rechtsläufige Leserichtung".[22]

Dorne II

Ordnet man den Diskos-Text so, daß mit jedem Dorn eine
neue Zeile anfängt, dann erhält man ein gegliedertes Zeilenschema aus 61 Zeichengruppen, von denen 35 nur einmal
vorkommen, 26 sich aber wiederholen. Werden nun die einmalig auftretenden Zeichengruppen mit + markiert, die sich
wiederholenden aber nach ihrem Erscheinen durchnumeriert, sieht das Zeilenschema wie folgt aus:

Seite A	Seite B
1 2 3 1	**8** 10 + +
4 2 + + +	**11** +
5	**8** + 10
6 7	**11**
5 + 3	**8** +
5	**11** + + + + + + + + 9 +
6 7 + + + 4 + + + + + +	+ + +
8 +	+ + +
9	

Haecker hat 1986 auf folgende Eigenheiten aufmerksam
gemacht. Erstens beginnen von den ingesamt 17 Zeilen nur
zwei, nämlich die letzten beiden der Seite B, mit einer nur
einmalig auftretenden Zeichengruppe, alle anderen fangen
mit einer sich wiederholenden an, zweitens häufen sich die
wiederholenden Zeichengruppen zu Beginn der Diskos-Seiten, auch diejenigen, die nicht direkt am Anfang einer Zeile stehen, drittens scheint der Text von der Vorder- auf die
Rückseite überzugehen und viertens, und das kann seiner
Auffassung nach „unmöglich Zufall sein", ergibt sich wiederum auf beiden Seiten eine spezifisch, sich rhythmisch
wiederholende Abfolge bestimmter Zeichengruppen als
Zeilenanfänge. Auf der Seite A lautet sie 5 – 6 7 – 5 – 5 – 6 7,
auf der Seite B 8 – 11 – 8 – 11 – 8 – 11 (siehe Schema).
Daraus zieht Haecker die Schlußfolgerung, „daß es sich um

Zeilen*anfänge* handelt, und das heißt zugleich, daß der Text rechtsläufig zu lesen ist. Linksläufig gelesen bliebe der Text amorph". [23]

Michael Trauth, der sich in der Rolle des *Advocatus Diaboli* sieht, formuliert allerdings etwas zurückhaltender, daß diese Wiederholungen als Hinweis darauf genommen werden können, daß die Leserichtung möglicherweise tatsächlich von innen nach außen verläuft.

Keine Beweise, aber Indizien

Im jahrzehntelangen Streit um die Lese- und Schreibrichtung wurden technische, linguistische, ästhetische und psychologische Argumente vorgetragen, und zwar für beide Auffassungen. Einige von ihnen wurden hier nicht genauer behandelt, weil sie zum Teil überholt sind, wie die Frage der Raumaufteilung des Diskos: Was bedeutet die minimale Verengung der Spirale in der Mitte (Della Seta versus Grumach)? Andere Argumentationsstränge erschienen für eine kurze Zusammenfassung zu kompliziert, wie die Beziehung zwischen dem Stempelvorgang, der Drehung der noch feuchten Tonscheibe und der daraus resultierenden Positionierung einiger Zeichen (Haecker/Scheller versus Bradshaw).

Dominierten lange Zeit Argumente der Stempeltechnik die Diskussion, insbesondere die Überschneidungen, konnten in den 90er Jahren linguistische und ästhetische Begründungen an Boden gewinnen. Mußten erstere notwendigerweise davon ausgehen, daß die Leserichtung mit der Schreibrichtung identisch ist – nur die Schreibrichtung ist eine technische Frage –, konnten sich letztere auf den Standpunkt zurückziehen, daß diese Annahme sehr wahrscheinlich ist, wenn sie sich aber längerfristig nicht halten lassen sollte, letztlich die Leserichtung den Ausschlag gibt.[24]

Mit der Erweiterung einer hauptsächlich von technischen Argumenten dominierten zu einer gegenüber linguistischen und ästhetischen Begründungen offenen Streitdebatte, gewann die Rechtsläufigkeit wieder an Plausibilität, Gewicht und neue Anhänger. Erweckte einst das Überschneidungsargument quasi den Anschein eines Beweises für die Linksläufigkeit, stellen heute die anderen Argumente lediglich Indizien, allerdings sehr starke, für die rechtsläufige Schreib- und Leserichtung dar. Wie auch immer, die letzte Gewähr wird auch in dieser Frage nur die *richtige* Entzifferung des Diskos bringen.

Neuntes Kapitel

Entzifferungen

Zwei Beispiele aus der großen Zahl der vorliegenden sogenannten vollständigen Entzifferungen des Diskos sollen deren Problematik und die ihnen gegenüber angebrachte Skepsis verdeutlichen.

Lienhard Delekat, der die Diskos-Inschrift 1979 als Bilderschrift in griechisch und rechtsläufig liest, entziffert einem sehr langen Text, dessen Übersetzung für die ersten neun Zeichenfelder der A-Seite lautet: „Steuermanns-Taktschlagruf des in Blüte stehenden (Anthesterien-festlichen) strahlenden Himmelbäumlers (Dionysos): Mit beiden Armen Fisch-wedelnd, ihr Lämmer-Hüter (Tyrsener), geht nach Amyklai, zu des Hyakinthos allein geliebter, auch am Himmel strahlender Bär-Ma (Artemis)! Steuermanns-Taktschlagruf des in Blüte stehenden strahlenden Himmelbäumlers: Nach Amyklai, zu der allen beliebten Terzett-Sängerin geht mit beiden Armen Fisch-wedelnd, ihr Lämmer-Hüter, der siebenköpfigen Hutschlange, der Kind-Nährenden: der siebenköpfigen Hutschlange, der geschwänzten, im Rauschtrank hinreißenden Netzwerferin, und der Terzett-singenden, Gift-schüttenden Brustbieterin: der siebenköpfigen, Kind-nährenden Hutschlange, sowohl in ihrer Gestalt als Bären-Ma (Artemis) des Land-Kreises, als auch in ihrer Gestalt als brustnaher Bären-Ma des Strahlers am Himmel

99

(‚Zeus' = ‚Dionysos'), des Sohnes des (Himmelgott-)Penisträgers (Uranos): (...)."[1]

Für den selben Ausschnitt kommt 1967 Simon Davis, der eine Silbenschrift, minoisch oder hethitisch, als Sprache und Linksläufigkeit vermutet, zu folgendem Ergebnis: „(...) sealings spirals stamps sealings I made stamps sealings great (ones) stamps."[2]

Beide Entzifferungen widersprechen sich in Schriftsystem, Sprache und Lese-/Schreibrichtung und kommen zu sehr unterschiedlichen Texten: der eine ist ausufernd, voll blumiger Wortschöpfungen und lädt zum Anthesterien-Fest ein, der andere ist knapp, auf wenige sich ständig wiederholende Wörter reduziert und handelt von der Herstellung von Siegeln. Ohne den Autoren zu nahe treten zu wollen, kann doch mit Sicherheit gesagt werden, daß mindestens eine der beiden Entzifferungen falsch ist.

Dazu kommt folgendes: Wenn es stimmt, daß die richtige Entzifferung in ihrem gesamten Textumfang linguistisch, stilistisch, inhaltlich, pragmatisch-funktionell und wenn möglich auch historisch plausibel sein muß, dann gilt auch umgekehrt, daß falsche Prämissen und Methoden nicht nur zu einer falschen Entzifferung führen, sondern sich diese auch in einer schlechten Textqualität niederschlägt. Kommt am Ende der Entzifferung eine Ansammlung von Ungereimtheiten heraus, dann ist die Wahrscheinlichkeit eines Fehlschlags groß. Mit anderen Worten: Kauderwelsch widerlegt sich selbst.

Angesichts der großen Zahl von Vorschlägen zur Lösung des Rätsels des Diskos und der offensichtlichen Zwangsläufigkeit, daß davon bis auf eine (und das wäre schon die positive Alternative) alle als gescheitert betrachtet werden müssen, wird die Mahnung von Günter Neumann verständlich, die er 1968 an Gelehrte und Laien richtete: „(...) wer sich aber dies Dokument zum Objekt seiner Forschung wählt, muß sich nüchtern die Grenzen seiner Möglichkeiten klar machen, wenn er nicht erleben will, daß außer ihm niemand an die Richtigkeit seiner Thesen glaubt."[3]

Ist eine Entzifferung überhaupt möglich?

In der Gelehrtenwelt gibt es drei unterschiedliche Haltungen hinsichtlich einer Entzifferung des Diskos von Phaistos. Die einen halten sie für unmöglich. Wie bereits Kober 1948 und Neumann 1968, stellt zuletzt Godart 1995 unmißverständlich fest: „(...) und wenn nicht in größerem Umfang neue, in der Schrift des Diskus verfaßte Texte zum Vorschein kommen, ist jeder Versuch der Entzifferung zum jetzigen Zeitpunkt zum Scheitern verurteilt."[4] Im wesentlichen drei Argumente begründen diese Auffassung: Erstens biete der Diskos-Text keine exakten Hinweise auf seinen Inhalt, zweitens sei er zu kurz, um mit statistischen Methoden ausreichend abgesichert arbeiten zu können, und drittens stelle der Diskos ein singuläres und isoliertes Objekt dar, so daß keine für den Einstieg in eine Entzifferung hilfreichen Querverbindungen zu anderen kulturellen Formen und Objekten hergestellt werden könnten.

Andere Forscher sehen ebenfalls keine Möglichkeit, zu einer vollständigen sprachlichen Entzifferung zu kommen, bemühen sich aber um eine rein graphische Entzifferung. Bei dieser von Gunther Ipsen 1929 begonnenen und als „interne Analyse" bezeichneten methodischen Herangehensweise besteht das Ziel darin, aus der Stellung der Zeichen und Zeichengruppen Rückschlüsse auf die formale Wortbildung (Wortstämme, Flexionsformen usw.), grammatikalische Regeln und die syntaktische Gliederung des Textes zu ziehen, um sich so vorsichtig über die innere Struktur des Diskos-Textes seinem Sinn anzunähern. Ohlenroth hat auf die Tücken und Trugbilder dieses Verfahrens aufmerksam gemacht[5], das nicht weiter erläutert werden soll, da es einiges an linguistischen Kenntnissen voraussetzt.

Schließlich versammeln sich in der dritten Gruppe all jene, die eine vollständige Entzifferung für möglich hielten bzw. halten und zum Teil entsprechende Lösungsvorschläge unterbreitet haben. Sie alle im einzelnen behandeln zu wollen, würde den Rahmen dieses Buches sprengen. Wenn hier dennoch drei Entzifferungen zum Schluß kurz vorgestellt und als Gesamttext dokumentiert werden, soll die Auswahl begründet sein: Es sind die drei jüngsten umfassend angelegten Publikationen aus dem deutschsprachigen Raum.

Botschaft des Talaio an die Kreter

Anfang 1986 begann Otto Dettmer als Laie mit seiner Untersuchung des Diskos, erarbeitete sich in den folgenden zwei Jahren autodidaktisch sein Wissen und veröffentlichte die fertiggestellte Arbeit dann 1989 in einem fast 150 Seiten starken Buch.

Dettmer fand sich im Laufe seiner Forschungen in der Grundannahme bestätigt, daß es sich beim Diskostext um eine rechtsläufige und reine Doppellautschrift handelt. Erstaunt war er allerdings darüber, wie sich „fast automatisch" Griechisch als die Sprache des Diskos heraustellte. „Jedenfalls erfüllt die Struktur der mit Hilfe der so hinreichend charakterisierten beweglichen Lettern geschriebenen Sprache alle Bedingungen grammatikalischer Regeln der indoeuropäischen Sprachfamilie. Der Abwechslungsreichtum in den Wörtern und Wörterfolgen läßt schon ohne Kenntnis ihres Sinngehalts auf eine differenzierte Mitteilung im Text schließen."[6]

Methodische Grundlage dieses Entzifferungsversuchs ist das Prinzip der Akrophonie und eine Art Kreuzwortverfahren, bei dem „alle Wörter, die das gleiche Bild beinhalten, sich sozusagen an der Stelle des Bildes kreuzen lassen".[7] Dettmer beschreibt seinen Lösungsweg wie folgt: „Das Bild sollte interpreriert werden, die Interpretation sinnvoll übersetzt, die Übersetzung in einen Lautwert verwandelt, die Lautwertsummen in sinnvolle Wörter gefügt, die Wörterfolgen zu einem zeitgemäßen Text verarbeit und dieser in eine verständliche Sprache übersetzt werden. All diese Anforderungen sind erfüllt worden."[8] Als Ergebnis wird schließlich folgender Text als Entzifferung präsentiert:

> Talaio, König der Pyliägäätier.
> Talaio, dieses zum Heilruf der Götter, segnet den Boden der gemeinsamen Ursprünge der Abstammung der Kreter, der Überlebenden des Erdbebens, der Wesensart der Pyliägäätier, der Kreter vor dem Erdbebenverderben.
> Soviele Danaer sandten Nachgebete nach Kreta.
> In der Freuenden eigenen Händen der dem Toben entronnenen (ist) Gnosos.
> Der Genannte, Zugehöriger zwar der Götter, aber sorgt sich um stets bevorstehende Erderschütterungen in der Höhle der Ino.
> Mit großer Kraft beschwört die Stimme die Göttin Gea in der Höhle der Ino.
> Der Genannte nahe der Höhle der Ino beabsichtigt, falls das Opfer blutig zur Erde fließt, falls es aufdampft, zur Vermählung von Nea-Kios nach Nemea in die Argolis aufzubrechen.
> Ich habe als Opferkönig veranlaßt, daß zwei Hochzeitsopfer in das Blut von der kleinen Schar der hierher Entsandten ausgerichtet werden.[9]

Danach ist der Diskos eine Grußbotschaft des Talaio, König oder Gott der Ägäätier und Pylier, an die überlebenden Kreter nach dem Erdbeben. Als Pyliägäätier identifiziert Dettmer die an der Westküste der Peloponnes lebenden Stämme, vor allem die Pylier, die in Messenien beheimateten waren, das zwischen 1900 und 1550 v. Chr. mit hundert Ansiedlungen „das wohl am dichtesten besiedelte Gebiet Griechenlands" war. In der Botschaft wird auf eine gemeinsame Abstammung der Pylier und der Kreter angespielt, auf weitere Gefahren durch „Erderschütterungen" hingewiesen, auf erste Opfermaßnahmen für und Beschwörungen an die

Göttin Gea in der Höhle der Ino aufmerksam gemacht und eine Reise zwecks Hochzeit von dem Ort Nea-Kios in die Argolis angekündigt, „falls das Opfer blutig zur Erde fließt".

Dokumentation eines Sexualritus

1992 publizierte Kjell Aartun, der als Professor auf eine mehr als 40jährige Erfahrung mit altorientalischen Sprach- und Kulturproblemen zurückblicken kann, den ersten Band eines groß angelegten Werkes über die minoische Schrift, in dem neben der Bronzeaxt von Arkalochori und der Inschrift der Tarragona-Tafel insbesondere der Diskos von Phaistos untersucht wird. Auch diese Abhandlung ist das Ergebnis einer mehrjährigen Forschungsarbeit.

Aartun geht von einer Silbenschrift aus und arbeitet wie Dettmer nach dem akrophonischen Prinzip. Als die Sprache des Diskos identifiziert er allerdings Semitisch, das Zeugnis „von einer während der minoischen Epochen politisch führenden und kulturell tragenden orientalisch-semitischen Schicht Altkretas" ablege, die „auch in Resten (als Eteokreter) jahrhundertelang neben fremden (griechischen) Herrschervölkern auf Kreta ihre kulturelle und sprachliche Identität zu bewahren vermochte".[10] Die Diskos-Inschrift betrachtet er als einen Text in gebundenem Stil mit 30 gleichmäßigen bzw. hinkenden Versen. Die auf der Vorder- und Rückseite vom Zentrum der Spirale zum Rand hin verlaufenden Verseinheiten – Aartun liest also auch rechtsläufig – werden als „kontextlich miteinander fest verbundene Teile eines Ganzen"[11] aufgefaßt. Das Resultat seiner Entzifferung lautet:

Seite A:

Ich will benetzen lassen, Pflug, dein Feld;
ich will benetzen lassen, Tiefpflug, dein Ackerland!
Du sollst spalten (den Boden durch Pflügen), o Sto-
ßender; zwinge unter das Joch dein Gespann!
Du sollst spalten (den Boden durch Pflügen), Gewalt-
tätiger, vorwärtstreibend dein Zweigespann!
Du sollst spalten (den Boden durch Pflügen), aufrei-
ßend (die Erde) deines Feldes!
Du sollst spalten (den Boden durch Pflügen), Gewalt-
tätiger, vorwärtstreibend dein Zweigespann!
Mein mit Begierde Erfüllter, ich will dich zum Schwan-
ken bringen;
mein beim Vorwärtsgehen Sich-Abmühender, du sollst
mit schwankenden Schritten gehen!
Dann spalte (den Boden durch Pflügen)! Du sollst (den
Boden) brechen, mein Steifer!
Bei meinem rauschenden Strom, du sollst in Freiheit
gesetzt werden!
Lasse (die Wasser) dahinschießen, bewässere, bei meinem Vollzug, siehe dein Ackerland!

Seite B:

Sei tief hineindringend, Lüsterner!
Bewege dich tief hinein, Fisch, (in) deinen Mund!
Mein Gewandter sehnt sich heftig,
der Tüchtige (ist) für mich glühend.
Bei mir, (o) der träufeln läßt, blase!
(O) von einer glühenden Leidenschaft Erfaßter, Lü-
sterner, mein heißes Verlangen (ist da)!
Der Tüchtige (ist) für mich glühend.
Bewässere das, was verschlossen (ist)!

Der Tüchtige (ist) glühend.
Mein von heftiger Leidenschaft Erfüllter, dringe (in den weichen Untergrund) ein!
Ich will reichliche (Flüssigkeit) von mir geben, Mund, der Durchschneidende, siehe, sich erbrechend!
Und meine Liebe (ist) aufrichtig.
Siehe, mein (mit mir) Vereinigter, bewässere, begieße!
Dann (soll) mein Vollzug (stattfinden)! Diese (ist) meine kleine Jungfrau.
Siehe, Pflug, benimm dich wie ein Einfältiger!
Reichliche (Flüssigkeit) gebe ich von mir, Pflug.
Führe weg, Schwankender, bei meiner Liebe, die Fülle deines zäh(flüssig)en Schlammes!
Dann, mein rauschender Strom, entfliehe aus deinem Gefängnis! [12]

Hier ist der Diskos-Text ein „für die Ausübung der Sexualriten im Palast von Phaistos vorgeschriebenes Rezept".[13] Als literarisches Zeugnis steht er dabei in der Tradition altsemitischer/altorientalischer Ritualtexte. Deren Hauptgegenstand ist der „erfolgreiche Vollzug der körperlichen Vereinigung, ein rituelles Geschehen, das (...) meist durch die Initiative der kultischen Partnerin zustandekommt". Sprachlich treten dabei die unmittelbaren Anreden beeindruckend in den Vordergrund, wie auch kurze und prägnante Satzbildungen abwechselnd als Willensbekundung und als eingetretener Gefühlszustand erscheinen, alles „mit wenigen Strichen in impressionistischer Art gezeichnet". Durch den gesamten Text zieht sich eine, wie Aartun schreibt, „fühlbare Schnelligkeit und zugleich eine unausweichliche Zwangsläufigkeit bis hin zum erreichten Ziel. Es ist ein charakteristischer ritueller Stil, (...), lebhaft und lebendig, erregt und erregend".[14]

Votivgabe zur Beschwichtigung der Götter

Die jüngste umfassende Publikation über den Diskos von Phaistos mit einer vollständigen Entzifferung legte 1996 der an der Universität Tübingen lehrende Dozent für Mittelhochdeutsch Derk Ohlenroth vor. 16 Jahre arbeitete der Gräzist und Germanist an seinem fast 500seitigen Werk.

Sprachlicher Hintergrund der Diskos-Inschrift ist für Ohlenroth Griechisch. Dabei verdoppelt ihr Bildsystem, so die These, aber fast die Zeichen des griechischen Alphabets, zum einen um Lautnuancierungen präziser abbilden zu können, zum anderen um den Zugang für Außenstehende zu erschweren, da der Diskos nur für den internen kultisch-religiösen Gebrauch vorgesehen war. Das Prinzip der Akrophonie wird hier abgelehnt, „da sich auf griechischsprachiger Basis so gut wie nirgends überzeugende Kongruenzen zwischen dem Wortlaut des für den Bildinhalt eintretenden Begriffs und dem Lautwert des Bildzeichens anbieten".[15] Diese hochdifferenzierte Lautschrift, quasi ein kultischer Geheimcode, liest auch Ohlenroth von innen nach außen, also rechtsläufig. Die Entzifferung ergibt in deutscher Übersetzung folgenden Text:

Seite A:

Zeus ist auch der >Strahlende<, wenn Zeus >der Lykäische< ist,
(er,) dessen Geliebten ein Sproß erwächst wesensgleich:
Und wenn Tiryns >die Gottgleiche< ist, ein (göttlich) >Strahlender<
gleichen Wesens dürfte (dann) auch [ich,] (der Eponymos) Tiryns[,] sein.
(>Vom Gott<) gezeichnet und vereinsamt immerdar und heillos ganz soll der im Heiligtum, der es zu betreten versuchte, umkehren schattenlos.

Seite B:

In den Hain der Elaïa tritt ein: Ent-
zünde rings geglättetes Holz: Im
Kreis um den Opferrauch schlag ein auf die Erde,
und wiehere jählings wie ein Pferde-Paar:
>Aió aé! hyauáx!
Schattige, komm, o edle späte
‚Nacht‘, von der Göttin immer neu geboren!< [16]

Danach handeln die beiden Strophen von zwei Kultheilig-
tümern, die sich jedoch nicht auf Kreta, sondern auf der
Peloponnes befunden haben. Jede Strophe besteht aus zwei
Bauteilen mit vier bzw. drei Versen, die sich auch inhaltlich
unterscheiden.

Der erste Teil der A-Seite nimmt auf ein Zeusheiligtum
im Lykaion-Gebirge im Südwesten Arkadiens Bezug und verknüpft wortspielerisch den höchsten Gott, das „strahlen-
de“ Lichtwesen Zeus, mit der Stadt Tiryns, dem bronzezeit-
lichen Zentrum der Argolis, die nach dem Zeus-Enkel und
damit gottgleichen Heroen Tiryns benannt wurde. Der zweite Teil besteht aus einem Fluch, der sich gegen jeden rich-
tet, der versucht in das geheiligte Innere der dortige Kultstätte einzudringen. Die B-Seite ist eine kultisch-magische
Handlungsanweisung. In ihrem ersten Bauteil wird dazu
aufgefordert, in den Hain der Elaïschen Grotte einzutre-
ten, einer ebenfalls im südwestlichen Arkadien gelegenen
Kultstätte der Göttin Demeter (Elaïa ist ihr lokaler Beiname), um dort schrittweise eine rituelle Handlung zu voll-
ziehen, deren Höhepunkt ein ekstatischer Kultruf ist. Mit
ihm beginnt gleichzeitig der zweite Teil, in dem eine andere Göttin, nämlich „die Nacht“, also Nyx, beschworen wird,
die eine Tochter von Demeter und Poseidon ist. Dem Mythos nach verwandelte sich Demeter auf der Flucht vor Poseidon in eine Stute, der dies allerdings durchschaut hatte

108

und sich daraufhin in Gestalt eines Hengstes mit ihr verei-
nigte.

Während der Mensch in der A-Strophe „aus überlegener
Distanz behandelt" wird, „ohne ihn zum Gegenüber werden zu lassen", ist er in der B-Strophe „ein Handelnder, die
Gottheit dagegen Ziel seines sprachlichen Appells".[17] Auffallend ist auch das komplementäre Verhältnis beider Seiten: die antithetisch aufeinanderbezogenen Motive von Licht
und Finsternis, Tag und Nacht, männlich und weiblich. Zwischen diesen Extremen könnte der Diskos „die gesamte
Spannweite des griechischen Götterkosmos zusammenzu-
fassen, also das Pantheon zu beschwören versuchen".[18]

Anlaß dieser Beschwörung und damit Grund für den
Transport des Diskos von Arkadien nach Kreta könnte der
Vulkanausbruch von Thera (Santorin) gewesen sein. Nach
den Vorbeben, dem Aschenfall der ersten Eruptionsphase
und Berichten geflüchteter Bewohner Theras wird man auf
Kreta großes Interesse an der Beschwichtigung der Götter
gehabt haben. Daher ließe sich der Diskos, so die These
Ohlenroths, „als eine der für Kreta zu erwartenden apotro-
päischen (= Unheil abwehrenden) Votivgaben deuten, mit
deren Hilfe griechischsprachige Einwohner Zentralkretas
unter Berufung auf alte mutterländische Bindungen einer
katastrophalen Heimsuchung der Insel vorzubeugen such-
ten".[19]

Ausblick

Seit seiner Entdeckung am 3. Juli 1908 bietet die nunmehr
über 90jährige moderne Geschichte des Diskos von Phaistos
eine Fülle von Annahmen, Überlegungen und Spekulatio-
nen, eine Reihe von detaillierten Thesen und umfassenden
Theorien sowie eine Vielzahl von Entzifferungen. In der Literatur zeigen sich wissenschaftliche Akribie und unbeküm-
merte Begeisterung, produktive Phantasie und redundante
Anmaßung, der kühne Entwurf ebenso wie nüchterne

Selbstbegrenzung. Deutlich wird, daß dabei nicht immer nur wissenschaftliches Kalkül und forschungsstrategische Pragmatik die Feder führte, sondern oftmals auch Herzblut als Tinte diente. Ob dabei der Auflösung des Rätsels bereits ein gutes Stück nähergekommen, sie eventuell sogar schon erreicht wurde, oder ob der Diskos nicht vielmehr sein Geheimnis hartnäckig verteidigen konnte, soll hier nicht beurteilt werden. Sicher ist nur, daß die Diskussion weiter geht. So werden auch in Zukunft weitere Entzifferungen auftauchen und neue Theorien entworfen. Wie lange der anmutige Geheimnisträger und seine potentiellen Aufklärer noch miteinander wetteifern, und wer schließlich den Sieg davontragen wird, muß die Zukunft erweisen. Bis dahin sei jeder und jedem der Besuch des Archäologischen Museums in Heraklion empfohlen, um die Schönheit und die (noch) geheimnisvolle Aura des Diskos von Phaistos zu genießen.

Anmerkungen

Einleitung

[1] Robin Bryans: Kreta. München 1975, S. 194.
[2] H. Th. Bossert: Unentzifferte und unübersetzte Inschriften. In: Atlantis. Länder/Völker/Reisen. Hg.: Martin Hürlimann. Berlin/Zürich 1931, S. 249-256, hier S. 249.
[3] George Hemple: Harper's Monthly Magazine, Nr. 122, New York 1911, S. 187-198.
[4] F. W. Read: A new interpretation of the Phaestos Disk: The oldest music in the world? In: Palestine Exploration Fund. London 1921, S. 29-54.
[5] Victor J. Kean: Der Diskos von Phaestos. Anixi 1996. Kean stellt nicht nur die falsche Behauptung auf, die Frage der Schriftrichtung sei zugunsten der Rechtsläufigkeit entschieden, sondern er läßt den Leser vor allem im Unklaren, nach welcher Methode und mit welchen Gründen er die bei ihm als Bilderschrift interpretierten Diskoszeichen „entziffert" und dann mit Text „auffüllt".
[6] Bryans 1975, S. 195.
[7] Ebd., S. 196.
[8] Günter Neumann: Zum Forschungsstand beim „Diskos von Phaistos". In: Kadmos. Zeitschrift für vor- und frühgriechische Epigraphik. Bd. VII, Heft 1, Berlin 1968, S. 27-44, hier S. 32.

Erstes Kapitel: Fundort

[1] Kann Federico Halbherr, der zwischen 1884 und 1888 in Gortys arbeitete und dort die Große Rechtsinschrift an der Wand des Odeion entdeckte, als der Wegbereiter der italienischen Ausgrabungen auf Kreta und insbesondere in der Messara bezeichnet werden, so ist die Freilegung des minoischen Phaistos doch vor allem das Lebenswerk von Luigi Pernier, der die Ergebnisse seiner Arbeit in der schon als archäologischer Klassiker zu bezeichnenden zweibändigen Schrift Il Palazzo minoico di Festos, Rom 1935/51 veröffentlichte.

[2] Henry Miller: Der Koloß von Maroussi. Hamburg 1989, S. 124ff.

[3] Bryans 1975, S. 171.

[4] Kjell Aartun: Die Minoische Schrift. Sprache und Texte. Bd. I: Der Diskos von Phaistos. Die beschriftete Bronzeaxt. Die Inschrift der Tarragona-Tafel. Wiesbaden 1992, S. 19.

[5] Paul Faure: Kreta. Das Leben im Reich des Minos. Stuttgart 1983.

[6] Ebd., S. 224.

[7] Ebd., S. 226.

[8] Ebd., S. 242f.

[9] Ebd., S. 249.

[10] Ebd., S. 243.

[11] U. a. Paul Kretschmer, Glotta I, 1909, S. 21.

[12] U. a. Simon Davis: The decipherment of the Minoan Linear A and pictographic scripts. Johannesburg 1967, S. 36ff und 254ff.

[13] So z. B. Hans-Joachim Gehrke: Griechenland im Altertum. In: Griechenland. Lexikon der historischen Stätten. Von den Anfängen bis zur Gegenwart. Hg. von Siegfied Lauffer. München 1989, S. 17.

[14] Faure 1983, S. 317.

[15] Vgl. Louis Godart: Der Diskus von Phaestos. Das Rätsel einer Schrift der Ägäis. 1995, S. 43.

[16] Faure 1983, S. 231.

[17] Er ist 51,5 Meter lang und 22,3 Meter breit, weist also eine Grundfläche von rund 1148 Quadratmeter auf. Die ursprüngliche Pflasterung ist noch zum größten Teil erhalten, von den seitlichen Säulenhallen existieren allerdings nur noch einige Basen.

[18] Erhart Kästner: Kreta. Aufzeichnungen aus dem Jahre 1943. Frankfurt a. M. 1975, S. 48.

[19] Die Datierung der Thera-Eruption wurde auf dem III. Internationalen Thera-Kongreß verhandelt. Während eine Minderheit an dem bisher geltenden Datum von ca. 1500 v. Chr. festhielt, tendierte die Mehrheit zu einer deutlich früheren Zeitspanne zwischen 1700 bis 1630 v. Chr. Dabei kommen Radiokarbondaten aus Grönland und dendrochronologische Daten aus Irland und Kalifornien

auf eine Datierung um 1645 bzw. 1628 v. Chr. Vgl. Hardy, D. A./ Renfrew, A. C. (Hg.): Thera and the Aegean World III. Vol. 3: Chronology. London 1990.
[20] Godart 1995, S. 46.
[21] Faure 1983, S. 141ff.

Zweites Kapitel: Datierung

[1] Kristian Jeppesen: En grammelkretisk gåde. Nogle bemaerkninger om Faistosskivens arkaeologiske placering. Kuml 1962 (1963), S. 157-190.
[2] Yves Duhoux: Le Disque de Phaestos. Archéologie. Épigraphie. Édition critique. Index. Louvain 1977, S. 13f.
[3] Kean 1996, S. 16. Dort heißt es nur lapidar: „Meine Studien des Diskus von Phaestos haben mich zu der Meinung geführt, daß der Diskus minoisch ist und wahrscheinlich in der mittleren minoischen Periode 1 (2100–1900 v. Chr.) hergestellt wurde."
[4] U. a. Arthur J. Evans: Scripta Minoa. The written documents of Minoan Crete with special Reference to the Archives of Knossos. Bd. 1. Oxford 1909; R. A. S. Macalister: The Philistines. 1914; Gunther Ipsen: Der Diskus von Phaistos. Ein Versuch der Entzifferung. In: Indogermanische Forschungen. Bd. 37, Berlin/Leipzig 1929, S. 1-41; Bossert 1931; Doro Levi: The recent excavations at Phaistos (= Studies in Mediterranean Archeology 11, 1964); Neumann 1968; Paolo Ballotta: Le déchiffrement du Disque de Phaestos. Bologna 1974.
[5] Derk Ohlenroth: Das Abaton des Lykäischen Zeus und der Hain der Elaïa. Zum Diskos von Phaistos und zur frühen griechischen Schriftkultur. Tübingen 1996, S. 8.
[6] Godart 1995, S. 162.
[7] Neumann 1968, S. 27.
[8] Aartun 1992, S. 8.

Drittes Kapitel: Herkunft

[1] Ernst Schertel: Der Diskos von Phaistos. Wege zu seiner Entzifferung. In: Würzburger Jahrbücher für die Altertumswissenschaft 3. Jg., 1948, S. 334-365.
[2] Ipsen 1929, S. 4ff.
[3] Godart 1995, S. 161.
[4] U. a. Luigi Pernier: Il disco di Phaestos con caratteri pittografici.

Ausonia 3, 1908, S. 255-302; Hans Jensen: Geschichte der Schrift. 1925; Schwartz 1959; Spyridon Marinatos/Max Hirner: Crete and Mycenae. 1960; Schachermeyr 1964; Davaras 1967; Davis 1967; Neumann 1968; Grumach 1969; Pini 1970; Nahm 1975; Pomerance 1976; Duhoux 1977; Trauth 1990.

[5] Fritz Schachermeyr: Die minoische Kultur des alten Kreta. Stuttgart 1964, S. 56.

[6] Ebd., S. 181.

[7] Ebd., S. 246.

[8] Aartun 1992, S. 130.

[9] Neumann 1968, S. 28.

[10] Johannes Sundwall: Phaistos – Diskus. In: Reallexikon der Vorgeschichte X (1927-1928), S. 124-126.

[11] Schachermeyr 1964, S. 247.

[12] Neumann 1968, S. 30.

[13] Werner Nahm: Vergleich von Zeichen des Diskos von Phaistos mit Linear A. In: Kadmos Bd. XIV, Heft 1, 1975, S. 97-101, hier S. 97.

[14] Costis Davaras: Zur Herkunft des Diskos von Phaistos. In: Kadmos Bd. VI, 1967, S. 101-105, hier S. 105.

[15] Michael Trauth: The Phaistos Disc and the Devil's Advocate. On the Apories of an Ancient Topic of Research. In: Glottometrika 12 (= Quantitative Linguistics Vol. 45), 1990, S. 151-173, hier S. 154f. Im Original heißt es: „Taking all these aspects into consideration, Crete as the source of the Disc can no longer be called into question."

Viertes Kapitel: Der Diskos

[1] Um keine Verwirrung zu stiften, wird im gesamten Text ausschließlich die Zählweise nach Evans benutzt.

[2] Zit. n. Ohlenroth 1996, S. 10.

[3] Ernst Grumach: Die Korrekturen des Diskus von Phaistos. In: Kadmos Bd. I, Heft 1, 1962, S. 14-26, hier S. 18.

[4] Alessandro Della Seta: Il disco di Phaestos. Rendiconti Accademia Lincei, Ser. 5:18, 1909, S. 297-367.

[5] Ernst Grumach: Die kretischen und kyprischen Schriftsysteme. In: Allgemeine Grundlagen der Archäologie. Begriff und Methode, Geschichte, Problem der Form, Schriftzeugnisse. Herausgegeben von Ulrich Hausmann. München 1969, S. 234-288, hier S. 249.

[6] Godart 1995, S. 87.

[7] Reinier J. van Meerten: On the start of printing of the Phaistos Disc. In: SMIL, Journal of Linguistic Calculus. Stockholm 1977, S. 29-36.

[8] Godart 1995, S. 86.
[9] Grumach 1969, S. 20.
[10] Godart 1995, S. 88.
[11] Bossert 1931, S. 250.
[12] Ohlenroth 1996, S. 9.
[13] Leon Pomerance: The Phaistos Disc. An Interpretation of Astronomical Symbols. Göteborg 1976, S. 51. Im Original: „It is my conclusion that the long accepted and appealing notion that the Phaistos disc was imprinted with movable type à la Gutenberg is erroneous."
[14] Ebd., S. 53: „The symbols on side A were cut into some soft limestone matrix and then impressed into a soft clay disc. Side B was similarly impressed on a pancake of clay."
[15] H. Th. Bossert: Die Erfindung der Buchdruckerkunst (II. Türkischer Geschichtskongreß, 1937).
[16] Grumach 1969, S. 249.
[17] U. a. Duhoux 1977.
[18] Godart 1995, S. 114.
[19] Bossert 1937, S. 7.
[20] Godart 1995, S. 114.
[21] Grumach 1962, S. 20.
[22] Schertel 1948, S. 334.

Fünftes Kapitel: Zeichen

[1] Fritz Schachermeyr: Kreta und Mykene. Ein Vergleich ihres Kulturcharakters. In: Hans-Günter Buchholz (Hg.): Ägäische Bronzezeit. Darmstadt 1987, S. 379-387, hier S. 380.
[2] Die Zahl in der Klammer gibt an, wie häufig das Zeichen auf dem Diskos erscheint.
[3] Otto Dettmer: Das Rätsel des Diskos von Phaistos. Das schwerste Kreuzworträtsel der Welt. Berlin 1989, S. 35.
[4] H. R. Hall: A Note on the Phaistos Disk. In: The Journal of Hellenic Studies, Vol. XXXI., London 1911, S. 119-123.
[5] Davaras 1967, S. 104f.
[6] Godart bildet einige Zeichen, darunter auch das mit der Nr. 3 seitenverkehrt ab. Zunächst bestand die Annahme eines Montagefehlers. Merkwürdigerweise schreibt er aber auch zweimal, daß sich die Tätowierung unter dem linken Auge befinden würde. Godart 1995, S. 122, 124.
[7] Ebd., S. 125.
[8] Ipsen 1929, S. 4.
[9] Godart 1995, S. 126.

[10] Ebd., S. 131.

[11] Ingo Pini: Zum Diskos von Phaistos. In: Kadmos Bd. IX, Heft 1, 1970.

[12] Dettmer 1989, S. 58.

[13] Schachermeyr 1964, S. 246.

[14] Godart 1995, S. 134.

[15] Dort heißt es: „Ship, with, apparently, an arrow pointing from its prow. A pendant object is also seen hanging from the forepart of the ‚arrow'. The vessel has a wellmarked ‚beak', and the stern terminates above in a trifoliate ornament. From the forepart rises a knobbed indeterminate object." Evans 1909, S. 278.

[16] Godart 1995, S. 134f.

[17] Ipsen 1929, S. 4f.

[18] Dettmer 1989, S. 34.

[19] Ebd., S. 46.

Sechstes Kapitel: Graphische Besonderheiten

[1] Hans-Joachim Haecker: Neue Überlegungen zu Schriftrichtung und Textstruktur des Diskos von Phaistos. In: Kadmos Bd. XXV, Heft 1, 1986, S. 89-96, hier S. 94.

[2] Schertel 1948, S. 364.

[3] Paul Kretschmer: Die antike Punktierung und der Diskus von Phaistos. Eine schriftgeschichtliche Untersuchung. In: Minos 1, 1951, S. 7-25.

[4] Ein Suffix ist eine Silbe bzw. ein Element bei der Flexion oder Wortbildung, das an den Wortstamm angehängt wird, z. B. -ung oder -keit. Henry D. Ephron: Hygieia Tharso and Iaon: The Phaistos Disk. In: Harvard Studies in Classical Philology. Vol. 66, Cambridge 1962, S. 1-91.

[5] Werner Nahm: Zur Struktur der Sprache des Diskos von Phaistos. In: Kadmos Bd. VIII, Heft 1, 1969, S. 110-119.

[6] Aartun 1992, S. 138.

[7] Ohlenroth 1996, S. 149ff.

[8] Pernier 1908, S. 273.

[9] Benjamin Schwartz: The Phaistos Disk. In: Journal of Near Eastern Studies. Vol. XVIII, Nr. 1, Chicago 1959, S. 105-112, hier S. 106.

[10] Sterling Dow: Minoan Writing. In: American Journal of Archaeology. Vol. 58, 1954, S. 100.

[11] Alice E. Kober: The Minoan Scripts: Fact and Theory. In: American Journal of Archaeology. Vol. LII, Supplement, Wisconsin 1948, S. 82-103, hier S. 87.

[12] Rudolf Hoschek: Zur Schriftrichtung beim Diskus von Phaistos.

In: Kadmos Bd. XX, 1981, S. 85-92, hier S. 88.

[13] Trauth 1990, S. 167.

[14] Arnold Bradshaw: The Overcuts on the Phaistos Disc. In: Kadmos Bd. XVI, Heft 1, 1977, S. 99-110, hier S. 102.

[15] Jean-Pierre Olivier: Le Disque de Phaistos. Édition Photographique. In: Bulletin de Correspondance Hellénique. Bd. XCIX, Paris 1975, S. 5-34.

[16] Godart 1995, S. 104.

[17] Ohlenroth 1996, S. 121.

[18] Godart 1995, S. 101.

[19] Grumach 1962, S. 22f.

Siebtes Kapitel: Schriftsystem und Sprache

[1] Ipsen 1929; Schachermeyr 1964; C. H. Gordon: Ugarit and Minoan Crete. 1966; Ders.: Evidence for the Minoan Language. 1966; Davis 1967; Nahm 1969; Vladimir L. Georgiev: Le disque de Phaestos. Un essai de déchiffrement. Information préliminaire (= Colloquium Mycenaeum) 1979, S. 387-395; Alfred Heubeck: Schrift. In: Archaeologia Homerica. Die Denkmäler und das frühgriechische Epos. Bd. III, Kap. X, Göttingen 1979; Müller 1983; Dettmer 1989; Aartun 1992; Godart 1995 u. a.

[2] Ipsen 1929, S. 8.

[3] Godart 1995, S. 155.

[4] Irene Müller: Ein paar grundsätzliche Bemerkungen zum Diskos von Phaistos. In: Kadmos Bd. XXII, 1983, S. 167-169, hier S. 168.

[5] Neumann 1968, S. 31.

[6] Thomas S. Barthel: Forschungsperspektiven für den Diskos von Phaistos. In: Münchner Beiträge zur Völkerkunde, Bd. 1, München 1988, S. 9-24, hier S. 22.

[7] Grumach 1962, S. 24.

[8] Barthel 1988, S. 24.

[9] J. T. Hooker: The Origin of the Linear B Script. Supplementos a Minos, Bd. 8, Salamanca 1979.

[10] Hans Jensen: Die Schrift in Vergangenheit und Gegenwart. Ost-Berlin 1969, S. 44.

[11] Neumann 1968, S. 31.

[12] Schertel beschreibt diese Methode wie folgt: „Ordnet man nämlich die Zeichen eines bestimmten Schrifttextes gemäß ihrer Häufigkeit und trägt die so gefundenen Werte – mit der höchsten Zahl beginnend – als Ordinaten auf einer gleichmäßig unterteilten Abszisse ab und verbindet die obersten Punkte dieser Ordinaten miteinander, dann ergibt sich eine Kurve von bestimmter Gestalt, die

nun sinnfällig jene Zeichenhäufigkeit offenbart und so die Grundlage für Form- und Proportionsvergleiche bietet. (...) Trotz der verschiedenen charakteristischen Differenzen, die sich dabei zwischen
den jeweils analysierten Sprachen ergeben, zeigt sich aber, daß
doch ein bestimmter gemeinsamer Grundcharakter der betreffenden Kurven bestehenbleibt und immer wieder durchschlägt (...)."
Während sich bei einer Buchstabenschrift nämlich „eine mehr oder
weniger ausgeprägte Konvexität der betreffenden Kurven bei stei-
lem Abfall und kurzer Abszisse" zeige, sei das Bild bei einer Silbenschrift „vollkommen verwandelt"; ihr „Grundcharakter" bestehe in
einer „Konkavität bei flachem Verlauf und langer Abszisse, indem
die Kurve in ihrem mittleren Teil einsinkt – statt sich auszubuch-
ten – und in ihrem unteren Ast tief und weit nach rechts zieht".
Schertel 1948, S. 336ff.
[13] Ebd., S. 342f.
[14] Ohlenroth 1996, S. 133.
[15] Vladimir L. Georgiev: La situation ethnique en Crète ancienne et
le déchiffrement du texte sur le disque de Phaistos. In: Praktika tes
Akademias Athenon 50, 1975, S. 412-428.
[16] B. V. Gwynn/N. Kolyvanos: The Phaestos Disc. 1977. (Eigendruck)
[17] Arthur Gleye: Kretische Studien. Die westfinnische Inschrift auf
dem Diskus von Phaestos. Tomsk 1912.
[18] Zit. n.: Heubeck 1979, S. 10.

Achtes Kapitel: Lese- und Schreibrichtung

[1] U. a.: Schertel 1948; Ephron 1962; Grumach 1962; Gordon 1966;
Hans-Joachim Haecker/Erwin Scheller: Ein neues Argument für
rechtsläufige Leserichtung des Diskos von Phaistos. In: Kadmos
Bd. X, Heft 1, 1971, S. 20-27; van Meerten 1977; Lienhard Delekat:
Der Diskos von Phaistos. Entwurf einer Textlesung und -deutung.
In: Ugarit-Forschungen. Internationales Jahrbuch für die Altertums-
kunde Syrien-Palästina. Bd. 11, Neukirchen-Vluyn 1979, S. 165-178;
Hoschek 1981; Müller 1983; Haecker 1986; Barthel 1988; Dettmer
1989; Aartun 1992; Kean 1996; Ohlenroth 1996.
[2] U. a.: Della Seta 1909; Hempl 1911; Ipsen 1929; Kober 1948;
Dow 1954; Davis 1967; Neumann 1967; Schürr 1973; Bradshaw
1976; Pomerance 1976; Duhoux 1977; Nahm 1979; Jan Best/Fred
Woudhuizen: Lost Languages from the Mediterranean. (= Publica-
tions of the Henri Frankfort Foundation. Vol 10) Leiden/New York/
Kopenhagen/Köln 1989; Steven Roger Fischer: Evidence for Hellenic Dialect in the Phaistos Disk. Bern/Frankfurt a. M./New York/
Paris 1988; Godart 1995.

[3] Kean 1996, S. 17.

[4] Pernier 1908, S. 274: „La spirale figurata *termina* quasi al medesimo punto della periferia sopra ambedue le faccie (...) la linea verticale con puntini pure grafiti (...) stia ad indicare il punto in cui termina (...) l'iscrizione dell'intera faccia."

[5] Arthur J. Evans: The palace of Minos. A comparative account of the successive stages of the early Cretan civilization. Vol. I. London 1921. Hier schreibt Evans auf Seite 649: „It might, a priori, have been supposed that the signs of the inscriptions had run outwards from the centre to the periphery (...) but the technical arguments advanced by Dr. Della Seta have convinced me that the alternative view from the first by Dr. Pernier war correct and that the inscriptions run inwards."

[6] Schertel 1948, S. 335.

[7] Grumach 1962, S. 19.

[8] „Les arguments qui viennent d'être vus ne peuvent servir à établir le sens de l'écriture, puisqu'ils sont caducs. D'autres indices existent, heureusement, fournis par les recoupements d'une partie de signe par un autre, le tracé des diviseurs, ainsi que par les déformation que l'impression d'un signe a infligées à un signe voisin. Ces éléments, avancés pour la première fois par Della Seta, 308-310, sont purement matériels et méchaniques: ils sont indépendants de toute vue a *priori* et de toute interprétation subjective. Ce sont eux, et eux seuls, qui permettent l'établissement indiscutable de la direction de l'écriture." Duhoux 1977, S. 26f.

[9] Haecker 1986, S. 89.

[10] Hans-Joachim Haecker: Zur Frage der ‚internen Analyse' der Schrift auf dem Diskos von Phaistos. In: Kadmos Bd. XXX, Heft 1, 1991, S. 29-33, hier S. 29.

[11] Haecker 1986, S. 90.

[12] Schertel 1948, S. 349.

[13] Ebd., S. 336.

[14] Trauth 1990, S. 166.

[15] Grumach 1962, S. 21.

[16] Ohlenroth 1996, S. 22.

[17] Della Seta 1909, S. 312; ebenso E. Meyer: Der Diskus von Phaestos und die Philister von Kreta. SB Berlin 1909, S. 1022-1029, hier S. 1023f.

[18] Aartun 1992, S. 131.

[19] Godart 1995, S. 149.

[20] Hoschek 1981, S. 86.

[21] Ohlenroth 1996, S. 23.

[22] Ebd.

[23] Das Beispiel Haeckers geht von 15 Dornen aus, d. h. es gibt insgesamt 17 Zeilen (zweimal durch den Seitenanfang, 15mal durch

den Dorn), davon 9 auf der A- und 8 auf der B-Seite. Vgl. Haecker 1986, S. 95. Trauth, der sich an dessen Schema orientiert, kommt auf der A-Seite allerdings auf 10 Zeilen, da er noch einen, von Duhoux entdeckten Dorn dazunimmt. Und er schreibt: „These repetitions can be taken – together with the striking (anaphoric?) rhythm of the group setting – as indicator that the reading direction might actually run from the inside to the outside. The strokes then could mark the beginnings of sentences or paragraphs." Vgl. Trauth 1990, S. 170.
[24] Ohlenroth 1996, S. 21.

Neuntes Kapitel: Entzifferungen

[1] Delekat 1979, S. 170.
[2] Davis 1967, S. 100.
[3] Neumann 1968, S. 42f.
[4] Godart 1995, S. 162.
[5] Ohlenroth 1996, S. 17f.
[6] Dettmer 1989, S. 110.
[7] Ebd., S. 31f.
[8] Ebd., S. 111.
[9] Ebd., S. 108f.
[10] Aartun 1992, S. 127.
[11] Ebd., S. 195.
[12] Ebd., S. 198f.
[13] Ebd., S. 286.
[14] Ebd., S. 285.
[15] Ohlenroth 1996, S. 335.
[16] In eckigen Klammern steht eine – phonologisch erwägens- und stilistisch wünschenswerte – Erweiterung des vorgegebenen Textes; runde Klammern enthalten stilistisch oder inhaltlich sinnvolle Ergänzungen; spitze Klammern bieten eine metrische Verdeutlichung. Ebd., S. 36.
[17] Ebd., S. 258.
[18] Ebd., S. 287.
[19] Ebd., S. 289f.

Alle Fotos vom Bildarchiv Foto Marburg. Deutsches Dokumentationszentrum für Kunstgeschichte – Phillips-Universität.
Archivnummern:
B13.834/12, B13.834/13, LA 4343/9 und LA 4343/15.